U0772590

YOU & US
我们和你们

中国和科威特的故事

吴富贵 主编

五洲传播出版社

图书在版编目（CIP）数据

中国和科威特的故事 / 吴富贵主编 . –– 北京 : 五洲传播出版社 , 2018.8
（我们和你们）
ISBN 978-7-5085-3988-1

Ⅰ . ①中… Ⅱ . ①吴… Ⅲ . ①中外关系 – 友好往来 – 科威特
Ⅳ . ① D822.238.3

中国版本图书馆 CIP 数据核字 (2018) 第 166569 号

中国和科威特的故事

主　　编：吴富贵
出 版 人：荆孝敏
责任编辑：高　磊
装帧设计：正视文化
出版发行：五洲传播出版社
地　　址：北京市海淀区北三环中路 31 号生产力大楼 B 座 6 层
邮　　编：100088
发行电话：010-82005927，010-82007837
网　　址：www.cicc.org.cn www.thatsbooks.com
承　　印：北京圣彩虹科技有限公司
版　　次：2019 年 1 月第 1 版第 1 次印刷
开　　本：787×1092mm 1/16
印　　张：16.75
字　　数：220 千字
定　　价：56.00 元

序一

奉至仁至慈的真主之名，

科威特政府和人民总是积极巩固和加强与中国人民的合作，稳定双方政治外交关系，这让我很高兴、很荣幸，更让我的祖国科威特感到骄傲和自豪。科威特是第一个主动与中国建立并加强外交关系的海湾国家。科中双边关系被提升至最高水平，在不同层面、在科中双方各类机构组织中、在一定的时间内达到了一定的战略深度，其活力与效率不断扩展，突出了在人文、文化、经济、政治、军事等领域共同合作的重要性。

我们想借此机会强调，科中两国政府和人民之间的伙伴关系历久弥坚，它着眼未来，在共同迎接各种挑战、跨越障碍、克服困难中体现出重要作用与生命力；它强调加强合作对于完善和巩固这一伙伴关系的必要性和重要性，从而造福于两国政府和人民。

从过去到现在，我们一直很自豪：我们科威特政府及人民率先从外交上开启了这一关系，并成为签署共建"一带一路"合作文件的第一个海湾国家、第一个阿拉伯国家，而"一带一路"倡议体现了我们和高尚的中国人民之间深远的战略关系。我们坚信，我们应当手拉手、肩并肩、心连心进行合作。

这本书作为一种见证，证明了加强和巩固这一关系的重要性。它将成为一面高高飘扬的旗帜，汇集传统与文化，引领两国人民为了未来而创新、卓越前进。这也肯定并证实了中国国家主席访问阿盟总部时对阿拉伯领导人说过的一句中国古语："未之见而亲焉，可以往矣；久而不忘焉，可以来矣。"

谢赫纳赛尔·萨巴赫·艾哈迈德·萨巴赫亲王

科威特国第一副首相兼国防大臣

序二

丝路精神谱新篇

——写在"我们和你们"丛书之中国和阿拉伯国家故事系列图书出版之际

中国同阿拉伯国家友谊源远流长。历史上，陆上丝绸之路和海上香料之路就已把中国和阿拉伯国家连在一起，甘英、郑和、伊本·白图泰都是耳熟能详的友好使者。近代以来，特别是自万隆亚非会议之后，中国同阿拉伯国家承前启后开创了友好交往的新纪元。1956 年至 1990 年，中国同全部 22 个阿拉伯国家建立外交关系。

中阿友好交往已经走过一个甲子。60 年来，无论国际和地区风云如何变幻，阿拉伯国家在中国外交版图中始终占据重要位置。中国坚定支持阿拉伯民族解放运动，坚定支持阿拉伯国家捍卫国家主权和领土完整、争取和维护民族权益、反对外来干涉和侵略的斗争，坚定支持阿拉伯国家致力于实现和平稳定、发展民族经济、建设国家的事业。阿拉伯国家也在台湾等涉及中国核心利益问题上给予中方长期有力支持。1971 年，13 个阿拉伯国家投票支持中国恢复联合国席位，"两阿提案"永载史册。迄今为止，中国同 8 个阿拉伯国家建有战略性关系。阿拉伯国家已成为中国第一大原油供应方和第七大贸易伙伴，是中国最重要的工程承包和海外投资市场之一。

站在新的历史起点上，习近平主席高屋建瓴地指出，中国同阿拉伯国家是共建"一带一路"的天然合作伙伴，双方在各自实现民族振兴的道路上要结伴而行，共同弘扬和平合作、开放包容、互学互鉴、互利共赢的丝路精神。习近平主席为中阿关系发展规划的宏伟蓝图，贯穿了以发展促和平的深刻理念，体现了中国负责任的大国风范。

当前，尽管国际形势经历深刻变化，但坚定中阿友好始终是双方的政治共识，中阿共建"一带一路"成为新时期双方发展关系的引领。中阿以能源合作为主轴，以基建、贸易投资便利化为两翼，以核能、航天、新能源三大高新领域为突破口的合作格局进一步夯实；以"促进稳定、创新合作、产能对接、增进友好"为支撑的四大行动计划正全面向前推进。

"我们和你们"丛书之中国和阿拉伯国家故事系列图书就是共建中阿友好的一些亲历者们的讲述，在他们笔下，中国同阿拉伯国家关系发展的一幕幕情景、一桩桩大事、一件件细节，温暖、鲜活地呈现。书中一个个动人的故事，老一辈政治家的决断，外交前辈的亲历，普通人的交往……中阿之间政治、经贸、军事、人文等各领域友好合作发展的点滴，让我们重温先辈的开拓，感受历史的厚重，寄望未来的辉煌。

历史车轮滚滚向前，西亚北非地区必将翻开新的一页。我们将继续同阿拉伯国家世代友好、守望相助，为实现中华民族伟大复兴的"中国梦"和阿拉伯国家人民过上安宁、幸福生活的美好愿望而携手而行。

　　谨以此序向为中阿友好事业作出贡献的先辈、同事、朋友们致敬。

中华人民共和国国务委员兼外交部长

序三

科威特国与中华人民共和国双边关系早在两国正式建交前就已启动。1965年2月13日，科威特已故埃米尔谢赫贾比尔·艾哈迈德·贾比尔·萨巴赫访问了中华人民共和国，会见了刘少奇主席和一些官员。

1971年3月22日，科威特国与中华人民共和国之间正式建立外交关系。由此，科威特成为第一个同中华人民共和国建立外交关系的海湾国家。

今年（2017年）是科威特同中国正式建交46周年。46年来，两国在政治、经济、文化等领域的合作卓有成效。建立在相互尊重、平等互利基础上的两国关系在各个领域不断加深。

2009年，科威特埃米尔谢赫·萨巴赫·艾哈迈德·贾比尔·萨巴赫殿下对中华人民共和国进行历史性访问之后，两国的政治合作得到加强，特殊的关系取得了显著的发展。

2014年6月，科威特首相谢赫贾比尔·穆巴拉克·哈马德·萨巴赫殿下对中华人民共和国进行了成功的访问，期间，两国共同签署了多项合作协议或谅解备忘录，为进一步加强日益发展和巩固的双边关系作出了贡献。

2013 年，中华人民共和国主席习近平提出了共建"一带一路"的倡议，旨在恢复古代丝绸之路和建立 21 世纪海上丝绸之路，并通过一系列远大的发展计划，打开了人们新的视野，促进东方和西方、古代和现代的交融，实现各地区和世界各国人民的共同利益。特别要指出的是，在这一倡议的框架内，科威特是第一个与中华人民共和国签订共建"一带一路"合作协议文件的国家。

我们两个友好国家之间的关系是建立在相互尊重、积极合作的坚实基础上的。在此基础上，双方相互尊重，积极合作，遵循联合国原则，信奉一个人类崇高的使命——争取世界和平，促进全球繁荣昌盛。

萨巴赫·哈立德·哈马德·萨巴赫

科威特国副首相兼外交大臣

目录

记忆篇

合作篇

人物篇

交流篇

记忆篇

战火锤炼的友谊，记忆中的家国往事
——陪同李鹏、钱其琛访科二三事

王昌义（中国外交部原部长助理，前驻吉布提、叙利亚、以色列大使）

    1991 年 7 月 2 日清晨，人民大会堂内外充满着喜庆气氛。昨天刚在这里欢庆中国共产党成立 70 周年，今天又要在这里举行李鹏总理出访中东海湾六国的送行仪式。作为一项礼宾改革，此后党和国家领导人出访的迎送仪式都从首都机场改在人民大会堂举行。首次举行这样的仪式，在场的人们都有一种新鲜、兴奋之感。

    中国和科威特两国之间有着诸多不同点，无论从国土面积和人口还是历史文化，从政治社会制度还是经济发展和国民收入水平，都有着巨大差别。但是，双方之间有着最大的超越一切差异的共同点，就是都遵循和平共处五项原则，以此为基础发展关系，在维护和平与正义的事业中相互同情和支持。建立在这共同基础上的友谊是常青的，可持续的，经得起困难和战火的考验。第一次海湾战争前后的中科关系，充分印证了两国之间的诚挚友谊。

———

    1990 年 8 月 2 日，伊拉克萨达姆政权出动十万大军占领科威特，并宣布伊科合并，引发了严重的海湾危机。

    中国同伊、科都保持着友好关系，政治交往频繁，经济合作不断。但是，针对伊拉克的侵略行径，中国从一贯主张的和平共处五项原则的立场出发，明确宣布反对伊拉克入侵和吞并科威特，要求伊拉克无条件尽快从科威特撤军，恢复科威特的独立、主权、领土完整和合法政府。8月4日，中国外交部长钱其琛表示，伊拉克和科威特之间的分歧应通过协商解决，诉诸武力是不能允许的。同一天，杨福昌副外长还代表中国政府分别会见了伊拉克驻华大使和科威特驻华使馆临时代办，向他们表达了中国的严正立场。从8月2日到11月28日，联合国安理会多次审议海湾危机局势，通过了关于以政治、外交和经济手段迫使伊拉克从科威特撤军的11项决议。伊拉克多次要求中国反对这些决议，因为中国是安理会常任理事国，只要中国反对，这些决议就不可能通过。但是，中国没有理会，都投了赞成票，因为这些决议的内容都是主张使用非军事手段，迫使伊拉克撤出科威特。中国严格遵守了这些决议，尽管由于参与对伊拉克的制裁给自己也带来了重大经济损失。

1990年9月6日至7日，伊拉克总统特使、第一副总理拉马丹访华，企图为伊的侵略行为辩解，争取中方的理解。吴学谦副总理同他会谈时，详细阐述了中国政府的立场，严肃表明伊拉克出兵占领科威特违反国际关系准则，中国对此持否定立场，要求伊拉克尽快采取行动，无条件撤军。

与此同时，中国主张在安理会有关决议的框架内，通过政治方式解决海湾危机。中国反对军事解决，反对大国军事介入地区事务，认为这将使地区局势更加复杂化。

在危机进一步发展、战争因素增长的同时，国际上调解活动也很频繁，提出了解决危机的各种方案和设想。立场不同的阿拉伯国家，不管是科威特、沙特还是伊拉克、约旦等国，都曾派特使访华，希望中国在解决海湾危机方面发挥更大作用，甚至还建议派特使做有关方面工作。

中国政府决定，钱其琛外长于1990年11月6日至12日进行一次穿梭外交，出访埃及、沙特、约旦、伊拉克，会晤上述国家和科威特、巴勒斯坦领导人，除了同有关各方探讨和平解决危机的可能性外，主要是直接做伊拉克领导人的工作。

在伊拉克，钱其琛外长分别同萨达姆总统和阿齐兹副总理兼外长进行了长时间谈话。这也是唯一的安理会常任理事国外长直面伊方领导人做工作。钱其琛向他们晓以利害，强调：目前形势非常严峻，国际社会普遍反对伊拉克的出兵行动，包括伊的朋友都认为"8·2"事件不能接受。和平解决海湾危机有利于中东的稳定与发展。如发生战争，很难控制在有限范围内，伊拉克将面临生死存亡的选择，其邻国也将受到牵连。伊拉克应在撤军问题上有明确的行动。

但是，萨达姆的地区霸权野心极度膨胀，拒不撤军。最后，第一次海湾战争爆发，伊拉克占领军终于被赶出科威特。

二

科威特被占领后，中国坚持从政治、外交和道义上全力支持和声援科合法政府，始终不承认伊方占领的合法性。

当时，以埃米尔贾比尔为首的科政府已转移到沙特西部的小山城塔伊夫办公。该城地势高，气候湿润宜人，是沙特著名的旅游胜地和夏都。科威特政府在这里接待过的唯一的大国外长就是钱其琛。

1990年11月7日傍晚，钱其琛在其穿梭外交中来到这里。随行人员中除了我和有关司的工作人员外，还包括驻科大使管子怀。在讨论组团人员时，钱其琛曾特别嘱咐，请驻科大使随行，这也体现出中国对科合法政府的尊重和支持。

贾比尔在其办公室所在的希尔顿酒店会见了钱其琛一行。科威特是海湾地区第一个同中国建交的国家，贾比尔于1965年作为财政大臣访华，是海湾国家第一位访华的高级官员，同中方签署了经济援助协议。因此，科威特是第一个向中国提供经济援助的海湾国家。贾比尔为中科建交和发展两国政治、经济合作关系作出过重要贡献。所以，会晤一开始，他回顾了同中国的友好交往和合作的历史，赞赏中国坚持原则、主持正义，发挥了独特作用。接着，他揭露伊拉克领导人背信弃义，蓄意侵科，并拒绝执行安理会的所有决议，呼吁包括中国在内的友好国家向伊拉克施加巨大压力，迫使它执行安理会决议。钱其琛重申，中国坚决支持科威特合法政权，这次出访途中专门拜会科领导人，中国驻科大使也随同来访。钱其琛表示，非常同情科遭受的巨大灾难，伊的所作所为已受到国际社会的广泛谴责，处境非常孤立，强调伊只有从科撤出军队才是出路，如执意走自我灭亡的道路，也是咎由自取。贾比尔身体虚弱，讲话很慢，声音也小，讲话不多，会晤只进行了 35 分钟。

随后，钱外长会见了王储兼首相萨阿德，科副首相兼外交大臣萨巴赫在座。萨阿德身体健壮，声音洪亮，讲话率直。他强调，国际社会对伊拉克的经济制裁没有什么作用，联合国安理会应考虑采取新的措施，采取一切方式，迫使伊从科撤军。他所谓的"一切方式"，是指包括军事方式在内的解决方式。钱其琛回顾了中国投票赞成并负责地执行安理会有关十个决议的情况，表示对伊拉克制裁正在发挥作用，而且随着时间推移，作用会越来越大。萨阿德见钱其琛还没有对"采取一切方式"表态，便又提出安理会应订出制裁的时间表，或者讨论新决议草案，提出迫使伊拉克撤军的措施。他还发问，如果萨达姆不执行决议，安理会是否将讨论迫使他执行决议的新措施？钱其琛笑着说："我想会的。"谈话在坦诚友好和充分理解的气氛中结束。

贾比尔在会见钱其琛后不久访问了中国。1990 年 12 月，为了争取国际社会进一步支持科威特的复国事业，迫使伊拉克尽早撤出军队，贾比尔决定出访一些大国，包括中国。

1990 年 12 月 26 日，贾比尔来到北京。中国政府完全按照接待外国元首的规格安排贾比尔的活动，主要日程有：杨尚昆主席主持欢迎仪式和宴会，李鹏总理同他会谈，江泽民总书记会见他。不仅如此，在贾比尔抵达下榻的钓鱼台国宾馆 18 号楼时，杨尚昆和钱其琛专门在楼前迎候。300 多名中方男女青年和科威特驻华使馆外交官及家属挥舞两国国旗，列队欢迎。这个安排在中国政府接待外国元首的实践中，还是第一次。

杨尚昆同贾比尔已是第二次会面。杨尚昆一年前访问过科威特。那是在 1989 年北京政治风波以后中国国家主席首次出国访问。在美国和其他一些西方国家正对中国实行经济封锁和外交孤立的背景下，贾比尔则不看西方大国的眼色，热情接待杨尚昆来访，在机场举行隆重的欢迎仪式，并陪车至和平宫国宾馆。会谈时，贾比尔对北京政治风波的处理表示理解，并说，这是中国内政，中国政府有权作出处理。

这次中国政府对贾比尔访问的接待安排，再次体现了中国支持科威特合法政府的立场和对科威特恢复主权的信心。中国领导人向贾比尔重申，中国支持恢复科威特的独立、主权、领土完整和合法政府，要求伊拉克无条件从科威特撤军。贾比尔赞赏中国在联合国同大多数国家一道采取支持科威特的公正立场。

访问中，两国经贸部门还应科方要求进行了对口会谈。双方表示了继续发展合作的愿望，科方表示将继续履行对中国经济财政援助的协议。科威特尽管国家有难，仍然不忘向中国朋友重申信守协议，这是特别难能可贵的。

贾比尔结束访问离开北京前，杨尚昆在人民大会堂同他话别，希望他在科威特恢复主权以后，再到中国访问。贾比尔表示感谢，并说，愿在科威特解放以后再来北京，见见老朋友。

贾比尔对记者谈到此访的感受时说："在北京受到的热烈欢迎和盛情款待，温暖了我们由于困难造成的心理创伤。"随访的科威特官员也表示，埃米尔受到超出常规的接待，反映了他在中国领导人心目中的地位,也体现了中国人民对蒙受占领灾难的科威特人民和政府的无限支持。

1991 年 11 月,在这次访问一年后,也就是在科威特恢复主权的九个月后,贾比尔果然率领 100 多人的庞大代表团再次访华,感谢中国对科威特正义事业的支持。他还同中国领导人就谋求海湾地区稳定、加强两国合作问题交换意见。

三

伊拉克占领科威特近七个月,给科威特带来了巨大的人员和物质损失。科威特满目疮痍,百废待兴,复国重建的任务极为艰巨。

1991 年 2 月底,第一次海湾战争刚结束,为了支援科威特的重建工作,中国政府就要求驻科威特大使和其他外交官尽快返馆,恢复使馆正常运行。3 月初,他们抵达使馆。中国外交官是最后一批撤离,也是最早一批返回科威特的。他们想方设法,克服在工作、生活各方面遇到的困难,使工作正常运转,同时,积极开展对外活动,继续发展两国合作关系。为了发展中科友谊,1991 年 7 月李鹏总理出访中东国家时,专程于 14 日访问科威特。这是科威特恢复主权以后,接待的第一位来访的大国总理。我作为代表团工作人员随行。

李鹏总理的专机于上午 11 时许抵达科威特。科王储兼首相萨阿德到机场迎接,举行了简短的欢迎仪式。当时,天气虽然晴好,但油井大火熊熊燃烧,浓烟弥漫,大风扑面,热浪袭人。我们在外面行走片刻,如坐蒸锅。

李鹏先后会晤了埃米尔贾比尔和王储萨阿德。他祝贺科威特恢复主权和埃米尔重返祖国。贾比尔说,科威特得到解放同中国采取的正义立场分不开。接着,他回忆了中国为敦促伊拉克撤军所做的许多事,包括中国外长为通过和平方式解决海湾危机所作的重大努力。

1991年海湾战争结束不久，李鹏总理不顾1000多口油井爆燃造成的严重污染，访问科威特。图为中国使馆人员在机场迎接李鹏总理。（供图：秦鸿国）

李鹏说，这次来科威特，亲眼看到了战争造成的创伤，也看到了重建工作在加紧进行。中科之间没有任何利害冲突，只有友谊与合作。在科威特最困难的时候，中国接待了埃米尔殿下的访问，也正是在这期间，两国经济合作项目不仅没有中断，还增加了新的合作内容。这充分体现了两国的友谊和相互信任。

访问时间很短，下午6时半，李鹏即离开科威特。双方发表了新闻公报。在公报中，中方重申"将支持有助于实施安理会有关决议的一切努力和措施"，科方"感谢中国为解放科威特、恢复其自由和独立所发挥的积极作用"。

就在李鹏访问的当天，中国石油工程公司与科威特国家石油公司正式签署协议，中国参加科威特的油井灭火工程。这是科威特恢复主权后同中国在高科技合作方面签署的一个重要合同。它标志着中科合作领域进一步扩大，中科友谊进一步发展。

上述中科新闻公报提到支持有助于实施安理会有关决议的努力，部分内容涉及海湾战争结束后遗留的问题。

就伊拉克同科威特的关系而言，主要存在三个问题。一是两国边界划分。1963年科伊建交时，曾就两国边界问题达成协议，但一直未正式划定边界。安理会在海湾战争结束后曾先后通过第773号和第833号决议，肯定了联合国伊、科划界委员会关于划分伊、科陆地边界的方案，要求伊、科尊重该委员会所标定的国际边界。对此，科威特已接受，并要求国际社会敦促伊拉克遵守决议，要求伊拉克议会为放弃吞并科威特一事采取立法行动。但是，伊拉克谴责和拒绝决议，重申对科威特的领土要求。二是战争赔偿。科威特估计战争给自己造成的损失为1000亿美元，要求伊拉克赔偿，并由安理会建立保障赔偿的机制。安理会通过了第687号和第706号、第712号决议，明确要求伊拉克向科威特提供战争赔偿，并设立保障赔偿的基金。伊拉克被迫接受第687号决议（实际未切实遵守），但认为第706号决议和第712号决议侵犯伊主权，不愿切实执行。三是遣返被伊拉克扣留人员。科威特公布的失踪人员达20000多人，伊拉克公布的数字则远少于此，而且声称大多已释放。安理会有关决议要求伊拉克立即释放扣留的科威特公民。

科威特多次请求中国支持其在上述问题上的立场。中方明确支持科方的合理要求。无论在同科政府的双边接触中，还是在安理会讨论这些问题时，中方都表明了自己的立场，对上述有关决议投了赞成票。

早在李鹏访科期间，贾比尔就希望中国协助解决科被扣留人员问题。李鹏表示将尽力作出努力，予以解决。后来，贾比尔再次访华，同李鹏

1995 年 8 月 14 日，科威特第一副首相兼外交大臣萨巴赫（现任科威特国埃米尔）会见中国国务委员罗干（左 3），外交部部长助理王昌义（左 2）、驻科威特大使王景祺（左 1）参加会见。

会谈时，李鹏重申对科合法权益的支持，强调严格执行安理会有关海湾问题决议的重要性。

为了劝说伊拉克遵守有关决议，推动伊科双方和平解决遗留问题，中国曾应科方要求，多次向伊方转达有关信息，作出了自己应有的努力。

1995 年 8 月 12 日至 13 日，我陪同国务委员罗干访问科威特。科埃米尔贾比尔和王储兼首相萨阿德、第一副首相兼外交大臣萨巴赫等分别会见罗干。科领导人表示，科方十分赞赏中国支持科威特反对伊拉克占领的立场，感谢中国关于伊应全面执行安理会有关决议的立场。中方立场得到了科官方和舆论的普遍赞扬，希望中国在安理会继续坚持这一立场。罗干重申：中方理解和支持科方在解决海湾战争遗留问题上的合理要求，强调中国主张在全面执行安理会有关决议的基础上尽早解决这些遗留问题。中国作为安理会常任理事国，将一如既往为早日妥善解决这些问题而努力。

科威特见闻

刘宝莱（中国人民外交学会前副会长，前驻阿联酋、约旦大使）

刘宝莱在科威特城留影

致富不易

从世界地图上看，科威特就是一个点，但它的名气和影响则远大于此。科威特国小（面积 17818 平方公里）、人少（国籍人口 120 万），位于亚洲西部阿拉伯半岛的东北角、波斯湾的西北端，周围皆为强邻：其北部、西部与伊拉克接壤（共界 240 公里），南部、西南部与沙特毗邻（250 公里），东部临海，与伊朗隔海相望。

自古以来，科威特一直是海陆交通枢纽，是从欧亚大陆南下阿曼、印度和东非商道上的一个重要驿站。这里自然成为科先人们的栖息之地，也为商贸立国创造了有利条件。据考证，4000 多年前这里已有人居住。

公元前 4 世纪，希腊人曾在法拉卡岛定居。迄今执政的萨巴赫家族于 1710 年由沙特迁至科威特。1756 年，萨巴赫·本·贾比尔取得统治权，建立了科威特酋长国。经过十年努力，科威特这个小渔港有了发展。1765 年，丹麦旅行家 C·尼布尔在他的游记中记载，当时科威特拥有木船 800 艘，居民约万人，从事贸易、海运造船、采珠等职业。以后的一个半多世纪，科主要从事商贸活动，出现了一定的繁荣景象。

科威特经济真正崛起是在生产石油之后。科第十任埃米尔艾哈迈德·贾比尔很有远见，他深知开发石油工业对国家经济的重要性，因此批准了"科威特石油有限公司"在科全国开采石油，从而成为科石油工业的奠基人。1946 年科出口第一船原油后，当年石油收入达 20 万第纳尔，使财政收入发生了翻天覆地的变化。进入 70 年代，阿拉伯石油输出国以石油作武器，提高国际油价，科石油美元收入剧增。1980 年，科石油收入达 59.42 亿第纳尔（约合 221 亿美元）。

考虑到仅发展石油这一单一经济的局限性，科领导层将目光放在新的发展战略上，即开展多种经济，其中最有成效的有两点：（1）金融强国。上世纪 70 年代，科将剩余的石油美元（1979/1980 年度约达 314 亿美元）用于开展金融服务和海外投资。进入 80 年代，世界经济不景气，国际油价大跌，科石油收入大幅下降，但因有海外投资的收入（如 1986 年海外投资收入 80.74 亿美元），科顺利渡过难关。截至 1990 年 8 月海湾危机前，科海外资产和存款高达 1000 亿美元。（2）石油工业化。从勘探、开采到冶炼、销售和石化产业，科形成了产销一条龙。

1990 年 8 月 2 日，伊拉克侵占科威特。长达 7 个月之久的军事占领，使科遭受了空前浩劫，石油设施陷于瘫痪，直接经济损失 750 亿美元，950 多口油井中的 800 口被破坏，其中 600 口被点燃。1991 年 2 月底科威特复国后，科政府动用了海外资金和"后代储备金"共 440 亿美元，其中支付盟国解放科的费用 220 亿美元，其余用于重建石油工业和其他

1986 年，刘宝莱与科威特外交部政治司副司长阿里合影。

基础设施。当年，科石油日产恢复到 50 万桶，到 1993 年底，日产达 150 万桶，超过战前水平。

从科威特的发展来看，它经历了商贸立国、石油富国和金融强国三个主要阶段。但愿这个石油王国能取得更大发展和进步。

多事之秋

自 1980 年开始，科威特进入了多事之秋，先后经历了两伊战争（1980—1988 年）和海湾战争（1990 年 8 月至 1991 年 2 月），被伊拉克侵占长达 7 个月之久。经过十余年的折腾，科威特人民遭受了深重的灾难。

我在科威特工作期间，正值两伊战争后期。科威特政府夹在两伊强邻中间，左右为难，进退维谷，犹如在两个鸡蛋上跳舞，既要保持平衡，又不能踩破任何一个鸡蛋。科威特与伊拉克的共同边界一直未划定。在奥斯曼帝国时期，科威特是伊拉克巴士拉省的一个县。两伊战争期间，伊方经常以划界为诱饵，压科全力支持伊拉克打败伊朗，妄图将科绑在伊战车上，死心塌地为之效力。基于划界的利益驱使，科积极支援伊拉克。科妇女曾掀起援伊的"献金运动"，大批妇女将自己的黄金首饰捐献了出去。据报道，伊拉克总统萨达姆曾说过，只要科助伊赢得战争，两国划界问题都好解决。

科的另一边是伊朗，伊斯兰地区大国，隔海相望，也是科的穆斯林兄弟。长期旅居科的伊朗人主要是来自伊朗西南部胡齐斯坦省的阿拉伯民族，诸如巴赫巴哈尼、阿尼迪等家族。什叶派穆斯林约占科全国人口的30%。两伊战争中，他们都同情和支持伊朗，科政府不能不予重视。因此，科仍保持同伊朗的正常关系，并未同其断交。

那段时间，科爆炸事件不断，在公园、商店、市场、车站、邮局等地时常发生，屡见不鲜。更有甚者，1985年5月25日，科埃米尔贾比尔遭到了汽车炸弹袭击，致使头部受伤，弄得人心惶惶，不可终日。科政府各类大型活动基本停止。使节们的交往大大减少，我们很少晚上外出活动。平日，我开车去外交部办事，都要接受严格检查。有一次，美国驻科使馆领事签证处被炸，造成数名职员受伤。从此，美使馆安检加强了，凡进入使馆的车辆一律安检。

我有位美国友人，是使馆的一等秘书，懂阿语，经常给美大使做翻译。我们二人多有接触，研讨一些涉及科及海湾局势的问题。后因其使馆安检，我就不去了。他知道后，觉得我不应被安检。于是，他打电话给我说，我可到他家去，因为那里无须安检，虽有只大狗，但很听话，不随便咬人。果然，我见他时，有只大狼狗趴在他家客厅，一动也不动，似乎静静听着我们谈话。每当狗要抬头时，主人讲一句话，它便又趴下了。

80年代初期，科政府开始出现财政赤字。这对一个如此富足的石油王国来说，是不可想象的。比如1983年科国内生产总值（GDP）增长率为7%，而1984年降至0.15%。接着，大量资金外流，市场疲软，人民购买力大大下降。昔日繁荣的市场，一度变得冷冷清清。究其原因，一是两伊战争破坏了地区的稳定和安宁，严重影响了海上运输和贸易；二是战争阻碍了科旅游业的发展，来科游客日减；三是自两伊战争以来科每年向伊拉克提供40亿美元的财政援助，加之石油收入锐减，科经济压力大增，如1981/1982年度石油收入为166亿美元，1985/1986年度降为90亿美元；四是1982年发生的马纳哈股票市场危机使科负债810亿美元，对经济造成重大打击；五是政府为爆炸事件追加预算达4995万美元。

总之，科威特势单力孤，经不起上述打击。

战争爆发

1990年8月2日中午，我正在外交部亚非司办公，忽闻英国BBC报道，伊拉克入侵科威特，10万大军正向首都科威特城推进。开始我并不相信，后来，世界各大通讯社均有类似报道，我才感到事态之严重。当时，我国驻科威特大使管子怀先生正在京休假。我首先想到了他，即拨通电话，向他通报此事。管大使的第一个反应是"不可能，早上听BBC广播时，还没有报道"。"形势发展很快，事态瞬息万变，情况属实。现在司里都忙起来了，顾不上给您打电话。我忙说。他问使馆是否有报告。我说没看到，估计很快会有消息。管大使表示，他听司里安排，随叫随到。我答应报告王昌义司长，看他有何考虑。

1988年9月，刘宝莱（左2）和新华社记者吴毅宏（左4）等部分同事在科威特。

　　国际社会对伊入侵科大为震惊，美、欧等西方国家和埃及、沙特等阿拉伯国家也未料到。更使埃及总统穆巴拉克恼火的是，他于7月24日穿梭访问了伊、科两国，萨达姆总统曾亲口对他承诺：无论伊拉克同科威特之间的讨论需要多长时间，他绝不使用武力。穆巴拉克已将此承诺通报了科埃米尔贾比尔。但萨达姆却背信弃义，干出这种勾当。穆巴拉克大有上当受骗、受辱之感。8月2日凌晨2时，伊拉克调集10余万大军、1000辆装甲车、350辆坦克和300门大炮，在海空军的配合、支援下，突然向科发动闪电战。当时，科仅有2万军队，战斗力不强，甚至许多军官尚在国外休假，还未来得及组织有效抵抗，便被伊军击溃。伊军长驱直入，几乎兵不血刃，迅速兵临城下，仅在埃米尔王宫和国防部附近遇到顽强抵抗，双方发生了激烈的战斗。在王宫保卫战中，亚奥理事会主席、埃米尔八弟法赫德亲王和一些王室成员阵亡。12小时后伊军占领科首都科威特城，31 小时后占领全国。科埃米尔贾比尔乘直升机逃往停泊在波斯湾的美国军舰，后又转至沙特阿拉伯。王储兼首相萨阿德和部分大臣断后，撤至科沙边境地区。据报道，整场战斗科军死亡 600 余人；5000 人撤至沙特，其余大部溃散或投降。

科伊边界争端由来已久。自 1961 年 6 月 19 日科独立以来，两国边界长期未予划定，故边界纠纷时有发生。两伊战后，埃米尔贾比尔向萨达姆总统提出了两国划定边界的两项建议，即科免除伊欠科的全部债务（共约 150 亿美元）；科资助重建伊拉克巴士拉港（耗资约 45 亿美元）。但建议遭到对方的断然拒绝。表面上看，伊侵科是由两国边界争端引起，而实际上，伊是以此为借口，蓄意吞并科，这是一次有预谋、有计划的重大军事侵略行动。究其原因，主要有三：

第一，伊拉克欲称雄海湾，争当中东地区的旗手。两伊停战后，伊拉克国际地位有了较大提高。政治上，伊拉克以"抗击波斯扩张主义的英雄"自居，改善了同世界多数国家的关系，特别是改善和密切了同美、苏关系，使伊国际活动空间扩大，回旋余地增加；外交上，伊拉克频频发动外交攻势，支持巴勒斯坦正义事业，谴责以色列的侵略扩张行径，指责美等西方国家偏袒以色列的不公正立场，强调伊积极致力于公正、全面解决中东问题，以此转移人们的视线；军事上，伊拉克拥有经过 8 年实战的百万大军，成为海湾乃至阿拉伯世界的军事强国；理念上，宣扬阿拉伯资源应由阿拉伯人民共享的"均贫富"思想，在阿拉伯中下层民众中有较大市场，因为科等海湾石油输出国拥有大量石油美元，而一些阿拉伯国家经济困难，外债累累，广大民众对此明显反差大为不满。

从当时国际大气候来看，萨达姆认为阿拉伯应成为世界的一极，其领导人非他莫属，从而增加了他的扩张野心。而从地区格局而言，伊拉克并非老大，它面临埃及、土耳其、叙利亚、伊朗和以色列的挑战；从发展战略上看，伊拉克先天不足，主要是其海岸线短（仅有 50 多公里海岸线和唯一的出海口法奥）。两伊战争期间，伊拉克深受其害。伊拉克一直要求租借科威特的布比延岛和割让沃尔拜岛，均未成功。鉴于此，伊拉克吞并科威特，不仅能打通海上战略通道，使其海岸线延至 213 公里，而且可以拥有现代化的科威特港和艾哈迈迪港及上述两岛。

第二，抢夺财富，缓解国内经济困难。两伊战争使伊拉克由富变穷，其中经济损失 2000 亿美元、外债 800 多亿美元。更有甚者，伊拉克石油设施遭到严重破坏，油田、输油管、炼油厂基本瘫痪。战后，伊拉克百废待兴，百业待举，面临增加军备、军人复员和改善广大人民生活等艰巨任务。这需要大量资金，伊拉克政府一时难以应对。而科威特富甲天下，海外资产 1000 亿美元，每年石油收入 100 亿美元、海外投资收入 80 多亿美元。对此，伊拉克垂涎三尺，一旦占领科，不但一笔勾销欠科的全部债务，缓解伊国内经济困难，而且可以警告海湾其他国家不要讨债，并逐步蚕食海湾五国，使之俯首称臣。

第三，掌控石油资源，左右国际油价走向。截至 1989 年底，伊拉克已探明的石油资源为 1000 亿桶，科威特为 945.25 亿桶，两国石油储量约占世界石油储量的 20%。如伊拉克再控制阿联酋和沙特，其将控制世界石油储量的 65%。届时，伊拉克将主导世界油价。因为当时石油输出国对油价争论激烈，比如科威特、沙特、阿联酋主张油价定为 15 美元 / 桶；两伊、阿尔及利亚则主张定为 25 美元 / 桶，结果往往科威特等国占上风。另外，伊拉克将以此制约美、欧等西方发达国家，石油资源成为其提高国际地位的重要筹码。

一场浩劫

1991 年 10 月，我出任驻阿联酋大使，首先拜会了使团长、科威特驻阿大使尤素夫。他已在阿工作七年，科威特蒙难时，他不在国内，未遭受亡国之苦，但成天忙于接待安排逃亡阿的科威特难民，非常艰难。

科威特石油勘探井一角

他说，萨达姆是战争狂人，上台后打了两次大仗，给地区人民带来了深重的灾难。其倒行逆施，天地不容，将遭真主惩罚，不会有好下场。萨达姆讲的"阿拉伯国家贫富悬殊，现在应该平分财富"的说法，在阿拉伯民众中有一定市场，从而导致了阿拉伯国家的分裂。尤素夫大使在国内有幢二层小楼，被伊军洗劫一空。他说，他们发现了密室，拿走了价值100万美元的贵重物品和支票。当然，这与国家数百亿美元的损失相比是微不足道的。对于中国的立场，他表示衷心感谢，并说科外交部曾通报关于埃米尔贾比尔殿下访华受到超礼宾规格接待和科体育代表团出席在北京举行的亚运会的动人故事，他读后非常感动。他还说，菲律宾驻阿大使法拉斯先生是从科直接转馆的。

几天后，我拜会了法拉斯大使。一见面，他便讲起了海湾危机。他说，伊拉克的闪电战很厉害，他们以迅雷不及掩耳之势，派出空降部队，迅速包围了埃米尔王宫。如贾比尔殿下晚走一步，恐怕就成了阶下囚。科威特经历了一场空前的浩劫，昔日繁华的城市几乎成为一片废墟。伊拉克大兵像一群强盗一样，疯狂地到处掠夺财物。他们将法赫德亲王的宅第弄了个底朝天，主要去翻金条、支票和贵重物品等。谈到菲侨民和劳务，他认为，中国政府很了不起，将近 5000 名中国劳务人员用专机接回国。菲在科有 8 万人，其中菲佣大都跟科威特人逃走（据说，科威特城内有 30 万当地人安全撤离），其余的人只能自救，各奔前程。说到他本人，他奉调赴阿联酋履新，离科后经巴格达至安曼，然后去阿布扎比。

他还小声告诉我，他的钱曾存在科艾哈利银行，临行前，他去见巴哈巴赫尼老板。巴说，请放心！用不了半年，形势就会好转，届时，银行将支付本息，一分钱也不会少。最近银行来函，要他提款，并给他 9% 的利息。他立即复函，表示不急用钱，仍续存。

新华社驻阿办事处主任吴毅宏曾同我在科相处两年，他经历了伊侵吞科的全过程。有一天，他来官邸看我，给我讲了两件事：

第一，他幸免于难。他说，1990 年 8 月 2 日上午约 9 时，他从楼顶上看到伊军已进入科威特城，重点包围了埃米尔王宫，宫前的海滨大道上布满了坦克和装甲车。为了进一步了解情况，他打算开车出去看看，刚坐到车里，突然飞来三发子弹，穿过前窗玻璃，从他的双耳旁和头顶擦过。他本能地趴下，悄悄从车里爬出来，匆匆回去。不一会儿，王宫内外发生激烈战斗，顿时枪炮声震耳欲聋。待枪声停止，他出去再看分社的汽车，已不翼而飞。第二天，他发现车子已被摘掉牌照，停在某军营处，遂向对方交涉，争取开回来，但对方不予承认，且将黑洞洞的冲锋枪口对着他。他说，真是秀才见了兵，有理说不清。他只好作罢。

第二，伊拉克大兵盗窃使馆财物。8 月 24 日上午 10 时，他从使馆后院的宿舍下楼，突然发现 4 名伊军人和 1 名便衣闯进存有分社高级照相机和使馆贵重礼品的库房偷东西，他们正忙着向大包里装那些他们认为值钱的东西。他马上大声喝止，并指着院内的五星红旗说，这是中国大使馆。对方有点害怕了，便将大包丢下，带了几件小物品逃之夭夭。他将此事报告了秦鸿国代办。代办向对方进行了交涉。对方还派人来使馆作调查，对失盗的物品作了笔录。后来，对方告诉使馆，经过调查，此事并非伊军人所为，而是科威特人穿上伊军装，假扮伊军人干的，目的是破坏伊中友好关系。就这样，此事不了了之。

历史是无情的，玩火者必自焚。1991 年 2 月科威特复国后，迅速恢复了国家建设，并取得了突飞猛进的大发展。1993 年 5 月 27 日，联合国安理会通过了第 833 号决议，重新划定了科伊边界。1994 年 11 月，伊拉克宣布承认科主权和根据安理会 833 号决议划定的科伊边界。2003 年 12 月 13 日，萨达姆被捕，一代枭雄沦为阶下囚，不久上了断头台，结束了那个可怕的时代。

解救中国驻科劳工

伊侵科后，中国公司和劳务人员停工，被关在驻地，搞不清楚伊方意图。许多人认为，此事因两国边界争端引起，伊仅仅是要对科教训一下，现各方都在调解，争取和平解决，估计不久伊将撤军。但当发现伊军构筑工事，调兵遣将，大肆掠夺，滥杀无辜，甚至荷枪实弹到驻地抢粮、抢饮用水时，他们深感情况不妙。当时，13 家中国公司在科的劳务人员加上侨民有近 5000 人，其中包括台湾的中华工程公司 136 名工程技术人员，因台驻科商务代表葛延森丢下他们临阵脱逃，他们决定求助使馆。根据国内指示和使馆安排，从 8 月 19 日到 23 日，他们分 6 批乘坐各种车辆，长途跋涉 1600 公里，平安抵达约旦首都安曼，然后搭乘中国民航专机回国。但在行程中，他们仍遇到许多困难，吃了不少苦，而最难熬的是滞留约伊边界，不能进入约旦。当时，约方正承受着难民潮的巨大压力。自伊侵科以来，每天有上万难民越过边界涌入约旦，累计滞留约 30 万人，约旦需要解决他们的食宿等生活问题，安曼机场也人满为患。约旦国小力单，不堪重负，决定从 8 月 22 日起暂时闭关，以便疏散滞留人员。而我劳务大军正千里跋涉，陆续抵关，已有 2000 余人无法入境。我驻约使馆同约外交部进行了交涉，未果。情急之下，大家不由想到了正在北京访问的约旦外交大臣马尔旺。当时，我陪他住在钓鱼台国宾馆。根据钱其琛外长指示，我紧急约见马尔旺大臣。他的秘书以为我去通报关于安理会制裁伊拉克决议事，忙将我请到大臣住处。我看到大臣正在刮胡子。他一见我，就问有何急事，我告诉他，奉钱外长指示，通报我劳务人员在约边界滞留情况，特请他打电话给有关方面，尽快安排中国劳务人员入关，以便他们尽快搭乘中国民航专机回国。大臣边刮胡子，边听着。我看他认真的神情，真担心他刮破了皮。听后，大臣当着我的面给侯赛因国王打了电话。放下电话，他说，请转告钱外长阁下，国王陛下已下令约边防部队立即对中国劳务人员放行。我表示感谢。回到房间，我打电话报告钱部长。在电话里，钱部长笑着说：很好！看来马尔旺外交大臣还是有办法！

使馆很快报回了问题得到解决的消息。我民航三架专机满载中国劳务人员途经沙迦回国。当他们抵达北京国际机场时，仿佛一场噩梦初醒，深感祖国的关怀和伟大。

中国与科威特建交谈判始末

秦鸿国 （中国前驻利比亚大使、驻科威特使馆政务参赞）

——

1970 年国庆节后，我即飞往伊拉克，投入使馆工作。1966 年"文化大革命"一开始，我国驻外使节和使领馆大多数人员都被陆续调回国内参加运动，并下放干校劳动。中东地区仅有黄华大使留守在埃及，我国在其他中东国家都没有大使在任，只有不同级别的外交官担任使馆临时代办。

我抵达驻伊拉克使馆工作时，一等秘书章曙同志（外交部前新闻发言人章启月的父亲）一直肩负着使馆临时代办、代理党委书记兼研究室主任的重任。1970 年 10 月，外交部亚非司副司长宫达非同志被任命为驻伊拉克大使，12 月底到任。他是我国"文化大革命"开始之后，首批派往国外的几位大使之一。

1971 年 3 月 12 日，驻伊拉克大使馆接到国内指示：中央委派宫达非大使作为政府代表前往科威特，谈判两国建交事宜，希望宫代表稍作准备即赴科，谈判中既要坚持原则，又要灵活应对。

当日，使馆党委便开会讨论和落实此事，会议决定使馆二秘韦建业和我随同宫代表前往谈判，由司机李少丹开车，于 18 日动身南下赴科。韦建业同志分工负责礼宾、生活和安全，我侧重负责翻译和文字工作。随后一系列准备中，老韦携带了使馆大印、护照、礼品、国旗、食物、

1971年3月，宫达非大使作为中国政府代表与科威特
外交部次长拉希德进行建交谈判。（右1为秦鸿国）

饮料和现钞等；我参照我国与几个不同类型国家的建交公报文本，预先
草拟了一份"中科建交联合公报"草案，经宫达非大使同意后翻译成阿
拉伯文，然后把中、阿两种文字的文件各打印三四份带着，作为双方谈
判的原始依据和基础。我还随身带了阿拉伯文打字机和办公纸张，以备
急需。紧张的准备工作中，使馆党委和研究室还为此行谈判专门开了一
次预备会，以应对可能发生的一切情况。

临行前，我陪同宫大使拜会了科威特驻伊大使，并获得赴科的多次
出入境签证。科大使平时与我国使馆就有很好的交往，谈到两国即将谈
判建交，他非常高兴。听说我们都是第一次去科，他兴奋地指点迷津："你
们抵达首都科威特城后，一定要下榻在喜来登饭店，这是科外交部接待
外国代表团的指定饭店，礼宾司在该饭店包住了两个房间，每天24小

时有人办公。另外，外交部与该饭店在同一条马路上，相距只有三四百米。你们可以放心，此行一切都会顺利的。"有了这些忠告和信息，我们感觉踏实了许多，也方便了不少。

3月18日早饭后，我们一行四人坐着悬挂国旗的大使专车，直向伊科边境驶去。

一段路程驶过，官大使打破寂静问道："你们说，这次谈判最可能卡壳的地方是什么？"

"台湾问题呀！"我和老韦异口同声地回答。这个问题在临行前的使馆预备会上曾经讨论过，并有预案应对，况且国内已有明确指示：谈判中要严格坚持反对"两个中国"的立场，能建交则建，不能建也不勉强。

进入科境后，官大使要司机把汽车上的国旗摘下来，以免招摇，引人注意。

下午3点左右，我们找到喜来登饭店，顺利入住。刚刚进入各自房间收拾停当，饭店经理便登门送来鲜花和水果，对官大使表示欢迎，并简单介绍了一下饭店的住房和服务设施。最后，这位经理还希望我们能够提供中华人民共和国国旗样式，以便他们复制一面在饭店正门前悬挂。饭店经理看我们有些犹豫，便一再解释，喜来登是遍布全世界的国际性饭店餐饮集团，凡有各国使节和政府代表团入住，饭店门前都要悬挂该国的国旗。

"你们最好能够通过科外交部。"官大使谨慎地表态。

"我们已经征求了外交部的意见，他们同意，"饭店经理和蔼地说，"你们放心！我们饭店直属科外交部管辖。"

官大使考虑，我们这次行动虽不对新闻媒体张扬，但也无所畏惧，既然科方不怕，我方何惧之有？官大使最后决定，向他们提供一面汽车上悬挂的小国旗，作为放大制作的式样。

晚饭前，我正准备下楼去大堂服务台与科外交部礼宾司联系，科方礼宾司官员却主动登门，欢迎中国政府代表的到来，并正式通知了会谈的具体时间和地点。来人临走时，还礼貌地索要了一面谈判桌上必备的中国国旗。

一切迹象表明，科驻伊拉克大使馆已将我们的人员组成和行期等情况报告了科外交部，科方已作了接待准备。

二

19日上午，依据双方的约定，我们在科方礼宾车的引领下到达了科外交部。双方首先都表达了发展中科友好合作关系的良好愿望，同意以和平共处五项原则作为两国建立外交关系的基础。

然后，宫达非代表着重阐述了我国对台湾问题的原则立场，特别提到如何处理当时台湾在科设有"大使馆"的现实问题。拉希德次长迟疑片刻后表示，他们将专门研究台驻科"大使馆"一事，待下次会谈再回复我方。他希望双方就两国建交联合公报内容讨论一下，并探询我方有无预案提供科方参考。宫达非代表成竹在胸，从容地拿出预案文本递给对方，并作了内容解释。拉希德看后很满意，表示有此公报草案作为讨论基础将会大大缩短双方谈判的时间，他允诺将这份公报草案连同台湾"大使馆"问题一并请示上级领导。

第一轮谈判历时两个小时左右。从整体来讲，谈判刚刚切入正题，开头还算顺利。不过，我们心里都很清楚，重头戏还在后面！

20日，第二轮的谈判正如我们预料的一样，双方谈得有些艰难。科方提出了一个十分简单的建交公报草案，双方在公报直接涉及台湾问题的表述和如何处理台湾驻科"大使馆"两大问题上出现了一些不同意见。

科方修改和压缩后的联合公报草案主要内容是：中华人民共和国政府和科威特国政府，根据发展两国关系共同利益的原则和增进两国各方面关系的愿望；鉴于中华人民共和国政府支持阿拉伯反对帝国主义和犹太复国主义斗争的尊贵立场；鉴于科威特国政府承认中华人民共和国政府是中国唯一合法政府的立场，两国政府决定建立大使级外交关系，并在尽可能短的时间内互派大使。

我把这份阿拉伯文公报草案口译给官代表和老韦听后，我们又一起把双方的文本作了认真的比对。明眼人不难发现，科方保留了我方草案的主要框架和内容，省略了"台湾是中国领土不可分割的一部分"和"两国愿在和平共处五项原则的基础上发展友好合作关系"两句话，并对"中华人民共和国政府是代表全中国人民的唯一合法政府"的我方表述文字作了改动。

拉希德次长抢先对科方草案作了说明："我们仔细研究了贵方提供的两国建交联合公报草案，并请示了上级领导，科方基本上同意这份公报草案，但有一两个细小问题提出来供双方进一步商榷。科方深信，在大的原则和框架一致的情况下，这些枝节问题绝对不会影响双方达成建交协议。"拉希德又说："我们这次谈判和草拟联合公报的目的只有一个，就是建交。为此，科方简化了公报内容，凡是与建交无关的语句均适当作了删节，以便使公报言简意赅，精练而有力，突出建交这个主题。"

接着，拉希德解释科方为何建议公报中省略"台湾是中国领土不可分割的一部分"一句话，他说：公报内容已经明确"科威特国政府承认中华人民共和国政府是中国唯一合法政府"。这无疑表明，科完全承认，"世界上只有一个中国，台湾是中国领土不可分割的一部分"，而科不再承认台湾的"非法政府"。因此，双方可考虑在公报中不再写这句话。

宫达非代表内心十分清楚，科方这种说法并非在咬文嚼字、精简公报内容，而是出于政治和利益上的考量。于是，他耐下心来逐一解释：台湾问题是一个重大的、敏感的原则性问题，"唯一"和"不可分割"这两句话相辅相成，连在一起并提才能表达一个完整的概念和我国的原则立场。拉希德表示，科方非常理解中方的立场和意愿，对中方的这两句话也无异议。但是科方认为，台湾问题是中国的内政，我们两国建交不宜提及这一问题，以免引起不必要的国际舆论和多方猜测。另外，坦率地说，科方对台湾也需要转一个缓弯，这样似乎更符合一些常理和逻辑。希望中方能为科方设身处地地考虑一下。

宫代表当时想，要求科180度急转弯等于让科在全世界面前公开承认，当年与台"建交"是科的错误。科亦需要维护自己的颜面，更何况科方谈判的口径和修改的公报草案是经过其最高权威领导的指示和决断，假如我继续纠缠下去，苛求对方退让和接受我方观点，看来很难，也不策略。于是，宫代表的态度逐渐放缓，不再坚持。

此处还值得一提的是，当时我作为一名翻译，在对双方你来我往的口译过程中，隐约感到科方对"不可分割的一部分"这一词语很不感兴趣，因为科北方虎视眈眈的邻国——伊拉克曾一度在各种国际场合和双边关系中一再大呼小叫地声称"科威特是伊拉克领土不可分割的一部分"，科有些不愿听这种表述方式。

紧张的谈判和不同意见的交锋，不容我有丝毫的懈怠和分神。接着，双方谈到"中华民国驻科大使馆"的问题。科方希望采取一个曲线、变通的做法，不公开使用"断交""驱台"和"责令限期闭馆或离境"等言辞，而是主张两国建交公报发表后，科方宣布"中止与台的一切官方往来，迫其主动断交，闭馆离科"。科方的这一设想和做法明显与我国的一贯做法很不合拍，令我谈判一方很难接受和表态。宫代表不得不强调我国一向坚持的立场和做法是：与我建交或复交国必须首先宣布与台湾断绝"外交关系"，或同时宣布与我建（复）交，与台"断交"，我方不能接受任何形式的"一中一台"或"两个中国"的局面存在。

拉希德比较详尽地介绍了科与台"建交"的过程和历史背景。他说，台湾的"外交人员"等于是科在国际困境之时请来的客人，科实在难以突然变脸，下达"逐客令"。为此，科希望两国首先宣布建交，待中国大使抵科后，台"大使"自然而然会自行撤走。

从各种迹象来看，科既想同我建交，又不愿主动与台"断交"；科可以公开承认一个中国，但不愿主动"驱台"。这表明，此时的科方处于一种难以自圆其说的矛盾心态之中，对台的暧昧态度固然有其自身利益的考虑，但也不能排除受到来自外部的某些压力。

<h2 style="text-align:center">三</h2>

当时，宫达非代表依然还记得，1965 年，科威特与我国尚未建交，科副首相兼财政、工业大臣贾比尔·萨巴赫（1965 年 11 月出任科首相，1966 年 5 月被王室推选为王储，1977 年 12 月继任科埃米尔）访华时，与周总理谈判两国建交问题，萨巴赫就曾一再坚持类似的立场，周总理在钓鱼台国宾馆与其长谈两个多小时，着重就美台蓄意制造"两个中国"的阴谋作过详尽的解释，同时强调我方严格坚持反对"两个中国"的原则立场。

此时，宫代表更深刻地意识到，如何处理台湾问题是双方谈判最大的焦点和障碍。于是，他不吝口舌，耐心地列举多个事例揭示美台在国际舞台上玩弄"一中一台"和"两个中国"的卑劣伎俩。宫代表最后警示对方：假如科方确实有困难，认为时机还不成熟，中方也不着急，可以等待。

拉希德次长听完宫代表的这番话，显得有些着急。他害怕我方就此

中科建交谈判并不轻松，离开谈判
桌休息的间隙，双方仍在沟通。

关闭谈判大门，致使谈判无果而终，于是急忙接过话题，作出一系列保证，他说：科完全尊重贵国的立场，为实现中方的意愿，科中建交公报一经发表，科政府愿立即跟进多项切实步骤，首先就两国建交连同建交公报全文照会各国驻科使团和台湾"大使馆"，并通告联合国和各国际组织，此后科方任何活动的邀请和照会均不再发台湾"大使馆"，同时将台"大使馆"从驻科使团名册中删除，迫其在最短时间内主动"断交"和"闭馆"。拉希德说，这种做法既达到了两国建交的目的，又达到了"驱台"的效果，希望中方能够满意。

官代表仔细听取了对方阐述的"驱台"具体做法、承诺和保证，头脑中急速梳理着繁杂的头绪，同时冷静地思考着如何应对谈判面临的胶着状态。他想：科方修改的建交公报文本并未背离我建交原则太远，只是觉得不尽随我意，不是太理想，但科如能履行其诺言，还是可以考虑接受……稍稍考虑后，宫代表表示愿将科方提出的公报草案和"驱台"做法的建议一并报告国内。随后双方商定，21日暂时休会一天，22日继续谈判。

20日下午，韦建业同志乘飞机返回巴格达，急电请示国内。

21日晚饭后不久，韦建业同志顺利完成任务，从巴格达飞回科威特，并带回了好消息：国内把中科建交谈判作为个案和要案紧急研究和处理，中央从当时的国际战略大局出发，并考虑到科经历的特殊历史环境和背景，采取了大度和宽容的态度，同意科方对公报的修改意见，同时也相信科政府对台驻科"使馆"采取措施的承诺及其一再强调的诚信，谈判最后似可正式签字。老韦还随身带回了修改后的中、阿文建交公报正式文本，以供双方签字之用。大家一直悬着的心终于落了下来，晚上也睡了一个好觉。

22日上午，谈判双方如期复会，又重新坐到谈判桌旁。

拉希德次长问候一天的休息情况之后说："我们双方谈判的目的是两国相互承认，建立大使级的外交关系。从前两轮的谈判中，我看不出这当中存在什么关键性的障碍。"

"我深信，我们双方的努力一定会获得成功。"宫代表简单表了一个态，还想听对方说些什么。

"我代表科政府再次向阁下保证，科言而有信，对台驻科'使馆'将采取一切挤压措施，迫其自行'闭馆'离科，这一点请中国政府一定放心，这也算是两国政府间的一个'君子协定'。"拉希德次长显然是受命于科领导人，重申科政府的这一保证。

宫达非代表我国政府再次强调"一个中国"的立场以及我方与建交国的一贯做法，阐明我方理解科与台"建交"时的特殊处境和背景，表示我方愿接受科方对公报的修改意见，希望科政府重诺守信，尽速促台"闭馆"。科方人员听后热烈鼓掌，个个兴奋不已，连声道谢。宫代表把公报的中、阿文正副本一式两份递给对方过目，作最后的核阅。

"很好，没有问题。"拉希德次长扶一扶鼻梁上的眼镜，高兴地说，"那咱们休息一会儿，然后就签字吧！"

休息时，科方人员带着公报文本暂离会议室，我们估计他们肯定是去了外交大臣的办公室。一切迹象清楚地表明：这是两国政府间政策性很强的一次谈判。

5分钟之后，双方政府代表在一片掌声中正式签字，宣告从即日起两国政府相互承认，建立大使级外交关系。双方商定，两国建交公报将于当月26日同时在两国首都的官方声像媒体播发。接着，双方互赠礼品，服务员奉上热茶和咖啡，以示庆贺，如此皆大欢喜。

四

两国签订建交公报后，科威特政府言而有信，在处理台湾的问题上，措施还算得力，行动也比较迅速，避免了我对台斗争可能出现的"夹生饭"。1971年3月22日中科建交公报签订之后，次日科政府即将此事书面通知了台驻科"大使馆"。26日，中科两国首都同时播发建交公报后，科官方报纸随即连续数日以大量的篇幅报道两国建交的相关消息和评论，刻意营造浓重的"驱台"氛围。

28日，台驻科"大使"无奈之下发表声明，对科政府改变对台政策表示"遗憾"。29日，科外交部次长拉希德向报界严正宣告，今后科绝不与"中华民国"保持任何政治或"外交"关系，并宣称，科中建交的决定是根据科自身利益与现实状况而采取的。同日，台驻科"大使"对新闻媒体发表谈话，再次抗议科的"不友好行动"，宣布台与科"断绝外交关系"，并于当晚离科，经德黑兰返回台北。

1971 年 7 月底，我国首任驻科威特大使孙盛渭离京赴任，8 月向贾比尔·萨巴赫递交了国书，中科两国关系最终实现了正常化。

1988 年 10 月，我出任驻科威特大使馆政务参赞。在一次友好国家大使举行的招待会上，我遇到当年科政府谈判代表、时任国务大臣的拉希德。一番热情的问候之后，拉希德谈及 17 年前双方谈判建交时的情况，他说："当年谈判时我们双方都十分谨慎。在台湾问题上大家都费了不少脑子和口舌。"我说："当时贵方对台湾问题的谨慎态度实在令人难以理解。不过时过境迁，建交后我们两国的友好合作关系有了很大的发展。台湾问题早已不再成为两国关系中的一个问题啦。"拉希德似笑非笑地盯着我说："现在回想起当年谈判时的情景，中方似乎显得十分严厉和苛刻，啊？"我笑了一笑，毫不犹豫地说："我们双方彼此彼此。假如没有当年的严厉和苛刻，恐怕就没有今日两国关系的平稳和发展。"我俩对视了一下，哈哈大笑了起来，周围的宾客注目观看，不知发生了何事。

炎黄子孙共渡难关

——中国在科人员和台胞撤离科威特纪事

时延春（中国前驻也门、叙利亚大使）

险恶的处境

科威特是一个面积仅有 17818 平方公里的弹丸小国，却蕴藏着极其丰富的石油资源，素有"地下油库"之称。它拥有巨额石油美元，人均收入名列世界前茅，成为举世闻名的石油富国。

1990 年夏，这里爆发了震动全球的海湾危机。

8 月 2 日凌晨 2 时，伊拉克派 10 万大军、350 辆坦克，对科威特发动闪电式的袭击，轻而易举地突破科威特边界防线，一路长驱直入，只用 3 个小时便一举占领科威特。科威特埃米尔等政要分乘数架直升机匆忙逃往沙特阿拉伯。伊拉克军队进入科威特城后，重点围攻埃米尔宫、机场、电台、国防部和军事学院。驻守这些要地的科威特军队顽强抵抗，与入侵的伊拉克军队一度进行过激烈的战斗，但因寡不敌众，战斗很快便平息下来。伊拉克军队控制局势后，对这几个地方实行重点防范，部署了坦克、装甲炮车和大量荷枪实弹的士兵。新华社科威特分社位于海滨埃米尔宫附近，也被划入重点防范区域。

8 月 3 日上午，伊拉克士兵首次冲进埃米尔宫进行搜捕，后来便开始进入商店、民宅抢东西。新华社驻科威特分社的汽车遭到伊拉克士兵抢劫，照相机、录像机等被伊拉克士兵抢走。数名伊拉克士兵还闯入我驻科使馆后楼，抢拿照相机、收录机、外币、金首饰之类物品。许多中国公司的车辆、汽油被抢走，甚至个人随身带的零用钱也被搜走。

美国等国出兵海湾后，海湾形势愈加紧张，伊拉克占领下的科威特时局越来越令人担忧。

深厚的情谊

伊拉克入侵科威特时，我国在科威特共有 4885 人，其中大部分是在科威特工作的工程劳务、医务等各类人员，有大使馆各单位人员和新华分社人员，还有约 150 名台港同胞、新加坡华裔和埃及华侨。由于形势紧张，伊拉克占领军胡作非为，我在科威特人员的安全毫无保障，生活上也遇到很大困难。中国公司有的储备粮严重不足，有的工地缺水，有的汽油遭伊拉克士兵抢劫，无法发电，高温下无法开空调。

我驻科威特使馆在力所能及的范围内采取了必要的应急措施。使馆决定，把住在埃米尔宫附近的 8 名新华分社人员和在科威特大学学习的留学生接回使馆，并把在科威特工作的女医生和女劳务人员安排到商务处招待所。使馆为稳定各公司人员的情绪、解决他们的具体生活困难做了大量工作，但科威特的条件每况愈下。我国数千劳务人员的基本生活用品难以保障供应，各项工程均已停工。8 月 9 日，伊拉克宣布各国在 8 月 24 日之前必须关闭在科威特的使馆。大家听到这一消息后，心情更加焦急，都在盼望着国内尽快作出撤离在科威特人员的决定。

伊拉克入侵、兼并科威特后，党中央、国务院十分关心在科威特工作的全体中国人员的安危，江泽民总书记亲自过问此事。李鹏总理指示："要争取时间，抓紧采取一切办法，不惜代价，把我在科威特的人员（包括港、澳、台同胞）平安接运回来。"在外交部、经贸部、公安部、民航总局、国务院港澳办和台办、海关总署、卫生部、中土总公司等单位的具体参与下，制定了在科全部人员撤离回国的总体方案。根据这一总体方案，在国内，这项工作的对外交涉由外交部负责，人员撤离的组织安排由经贸部负责。由于海湾水道被封锁，通往沙特的陆路又被伊拉克军队阻绝，只有从科威特乘车经伊拉克转至约旦首都安曼才能搭乘飞机。所以，在国外，这项工作由我驻科威特、伊拉克、约旦和阿联酋使馆分段负责。在科威特的全体人员得知这一消息后，群情激奋，他们衷心感谢党和政府对他们无微不至的关怀。

伊拉克入侵科威特时，滞留在科威特的台港人员有约 150 人，其中大多数是台湾人员。他们中有台湾派驻科威特"商务代表处"的人员，也有私营企业的人员，而大部分是"中华工程公司"的技术人员、管理人员及其家属。这些技术人员在科威特主要承担机场跑道的修建工程。由于他们住在机场附近，他们的住所便成为伊拉克入侵者重点警卫的禁区，这给他们在生活上带来很多困难。

伊拉克入侵、兼并科威特后，台湾当局也曾研究过如何接出台留科人员的方案。台"外长"钱复等公开表示，台湾"有自己的办法，要用自己的渠道"。他们声称，台湾当局一直在接触各种渠道，设法安全撤出台留科人员，但这些渠道"绝不包括中共"。当时，台湾当局曾与美国、日本、伊拉克、伊朗、约旦、韩国、沙特、巴林、泰国、匈牙利等十国进行过联系，乞求帮助，但都无济于事，它所谓的渠道不灵。滞留在科威特的台湾人员只好自谋出路。台"外交部"派往科威特负责主持全面工作的"代表"见势不妙，与其妻及属下 9 人假以韩国籍现代公司雇员身份先行逃离科威特，置其他台湾人员于不顾。两名在科私营企业工作的台湾同胞为逃命，驾车逃到科威特与沙特阿拉伯交界处，两次企图越境逃离科威特，但都被伊拉克士兵用枪逼了回来。

"中华工程公司"在科的技术人员、管理人员及其家属宛如一群孤儿，叫天不应，呼地不灵，一筹莫展。这些台湾同胞听说他们住地附近的科威特妇女被伊拉克士兵强奸，对自己眷属的安全格外担心。他们通过我国有色公司和中土公司驻科办事处负责人，询问我驻科使馆能否向他们提供帮助，使馆很快便给予肯定的答复。接着，台湾"中华工程公司"驻沙特、科威特经理直接与我使馆就此事进行电话联系。次日，他与另外三人到我使馆，提出三点要求：第一，住地附近驻有伊拉克军队，这些军人到台胞住地找姑娘，威胁到台胞女眷的安全。为此，他们要求将29名女眷及孩子迁至中国大使馆居住。第二，要求我使馆提供中华人民共和国国旗，一旦战争爆发，他们可以把国旗挂在住地。第三，要求当大陆人员撤离时，帮助他们一起撤离。

我驻科使馆经研究并请示国内，对台胞的要求很快给予答复。对其第一项要求，我馆表示，对台胞女眷的处境深表同情，但使馆住房有限，且已安排新华分社的人员和留学生，实在难以腾出多余空房。使馆提出，将台胞女眷及孩子安排在我商务处招待所居住，大陆在科工作的150名女职工也作了同样安置。对其第二项要求完全给予满足，同意向他们提供中华人民共和国国旗。对其第三条要求表示同意，将统一安排他们随大陆职工一起撤离。因台湾的"护照"不能使用，我使馆将发给中华人民共和国旅行证，又因情况特殊，手续可以从简。台胞对此再三表示感谢。他们提出，如大陆在科人员有何困难，他们也将鼎力相助。他们主动向我公司工地送油、送水。台胞眷属及孩子住进商务处招待所后，受到我有关人员的热情周到的照料，深受感动。她们提出，要送给我商务处招待所1万美元，以表酬谢之情，被我人员婉言谢绝。在这段时间里，大家相处得十分融洽，亲如家人。他们共同表示，不论是大陆人还是台湾人，大家都是中国人，要互相帮助，互相支持，共渡难关。

出色的工作

海湾危机继续发展，伊拉克当局要求各国驻科威特使馆闭馆的日子越来越近。国内要求，一定要把在科的全体中国人安全撤出，行动越快越好，以防不测。国内一再指示，人员撤离时要编好大队、小队、班、组，指定各级负责人，要求大家听从指挥，严格组织纪律，途中提倡团结互助，遇有情况，冷静处置，严防出现混乱，要充分体现中国人有组织、有纪律、有道德的气度。人员分批撤离时，应优先照顾妇女、患病人员。国内还一再指示，为体现祖国对港、澳、台同胞的关切，在撤离时，我对港、澳、台同胞应优先照顾，并向他们提供一切便利；要求我驻科威特、伊拉克、约旦、阿联酋使馆大力协助查找和安排港、澳、台同胞，尽快使他们的合理要求得到酌情适当满足。国内强调，做好这项工作具有重要意义。

根据国内指示，我驻科威特使馆和驻科各公司人员全力以赴地投入到人员撤离工作中去。他们进行周密细致的组织安排工作，除安排大陆全体人员和台胞外，还找到了在科的香港人、华裔新加坡人、埃及华侨、马步芳的侄孙女及孩子、在科威特定居多年的原籍新疆的老华侨全家等。此外，在伊拉克入侵科威特的混乱情况下，我在科 32 名劳务人员一度下落不明，经我驻科代办与伊方联系，方才知道他们已被送往巴士拉监狱，伊方很快便把他们送往我国驻伊拉克使馆。与此同时，使馆拟定了全体人员分批撤离的名单，通知到每个人。他们经过多方努力，搞到 100 辆大型车辆，计划于 8 月 18 日集中安排大批人员撤离。谁知天有不测风云，8 月 16 日，这 100 辆车被伊拉克军队强行开走，用来把从科威特掠夺的物资运到巴格达。这一突然变化使我方人员无法按原方案集中撤离，只能重新组织车辆。他们施展出全部解数，又陆续找到撤员所需的车辆。从 8 月 19 日到 25 日，短短的一周内，在科全体中国人员共 4885 人全部撤出科威特。

8 月 19 日，97 名中国人首批撤离科威特。20 日，第二批撤离人员共达 1818 人，其中包括台湾"中华工程公司"136 人，我使馆特意安排他们乘坐第二辆车。行前，我驻科威特使馆临时代办前去送行。他们分乘 100 多辆汽车，每辆车上都挂着一面五星红旗，组成浩浩荡荡的车

1990 年 8 月 20 日清晨 5 时，在科威特的中国劳务人员撤离车队整装待发。（供图：秦鸿国）

队，踏上了从科威特到安曼 1600 公里的行程。

车队飞速向前，沿途黄沙遍野，寸草不生，一片凄凉景象。由于各国从科威特撤离的人员众多，伊拉克军车又横冲直撞，出现了车满为患、人满为患的场景。在行车过程中，中国人的车队前后照应，在相当一段距离内仍是秩序井然。但在车队途经伊拉克境内时，有车辆发生故障，车上的人一度失散。一辆行李车遭伊拉克士兵抢劫。

在我人员撤离科威特之前，我驻伊拉克使馆就按国内指示精神，做好了必要的对外交涉和组织安排工作。我驻伊拉克使馆临时代办就此事与伊拉克外交部进行了交涉。伊方应允通知伊拉克边防站对中国人提供方便；免除进出境签证；不检查行李；鉴于我部分在科劳务人

1991 年 7 月 14 日，时延春陪同李鹏总理访问中东海湾六国期间摄于科威特油田大火前。

员的护照无法从业主处索回，对无护照者给予特殊照顾，由我驻科使馆出具集体旅行证，证明他们来自科威特。对我撤离人员路经伊拉克遭抢劫事，我驻伊拉克使馆临时代办和武官即与伊方交涉，伊方答应对我人员采取必要的安全保卫措施，向我人员提供最大的方便。与此同时，我驻伊使馆组织人员携带食品、罐头、饮料、药品、汽油，由使馆参赞等分头率人到巴格达各路口负责接送、照料我撤离人员，并负责收容失散人员。在他们的努力和关照下，失散人员全部归队，全体撤离人员得到了短暂却十分必要的休整，这项雪中送炭的工作给撤离人员留下了十分深刻的印象。

我驻约旦使馆为接送撤离人员做了大量工作。我驻约旦大使就此事多次与约方联系交涉，使馆参赞率员专程到边界迎接、照料撤离人员。约方对中国人提供了一切方便。当我撤离人员从伊拉克出境时，约旦边防官员把入境签证的印章交给中国人自己办理盖章手续。按照国内指示，我驻约旦使馆包下四家旅馆，供撤离人员过境休息之用，大使馆还派专人负责迎送和照料他们食宿。

为能迅速、安全地将我在科全部人员接回祖国，经国务院批准，民航总局决定派专机前往安曼接人。这项决定体现了党和政府对在国外人员的关心，也是一项在国内外有重大影响的政治任务。这项工作分两段进行：第一段先把我撤离人员由安曼接运到阿联酋沙迦，第二段再从沙迦运抵北京。为此，我驻阿联酋使馆和驻迪拜总领馆专门成立了迎送撤离人员领导小组，派专人负责这项工作。

到 8 月 29 日中午，4741 人（我在科人员 4738 人，另有 3 名华裔新加坡人）分乘我国民航的 24 架次包机和班机平安回到北京。137 名台湾人和 4 名香港人在撤至安曼后自行返回目的地，另 3 名埃及华侨径直返回开罗。

当我第一批撤离人员抵达北京时，国务院秘书长罗干受李鹏总理委托，专门到机场向他们表示欢迎和慰问。每批撤离人员抵京或回到原工作单位时，各有关单位领导都向他们表达深切关怀之情。机场海关人员遵照国务院领导关于"特殊情况，特事特办，提供一切方便"的指示，对全体回国的撤离人员给予热情而又周到的照顾。

此次撤离工作进行得如此顺利，受到党中央、国务院、有关单位的一致赞扬。江泽民总书记指示，要对此项工作给予表扬。在接运人员过程中，各使馆在极其困难的情况下，夜以继日，废寝忘食，做了大量细致的工作，赢得了撤离人员的好评和赞扬。

巨大的反响

从科威特撤出的全体中国人平安回归故里，与家人团聚。这项工作引起了巨大反响，产生了重大的政治影响。

在撤离途中，外国人看到挂有五星红旗的浩浩荡荡车队时，总是齐口称赞："中国好！"当我撤离人员听到国内决定让他们撤离，并派专机接他们回国的消息时，他们处处感到祖国的温暖，很多人激动得热泪盈眶。有的人在抵达北京时打出自己书写的标语："祖国好！""祖国，我想念你！"有的人高呼："共产党万岁！"许多人深有感触地说："尽管行程数千公里，历尽千难万险，但每到一地都得到我使馆的热情接待和妥善安排，并能在短短几天内顺利回到祖国，同滞留在伊拉克、约旦边界上的其他国家数万难民无依无靠的境遇相比，还是我们社会主义祖国好！"这段发自肺腑的言谈，表达了广大撤离人员的心声。

我国政府积极协助台、港同胞撤离科威特一事，在台湾岛内和香港引起强烈的反响，并获得普遍赞扬。台湾舆论认为，从科威特撤离人员一事清楚地表明了海峡两岸的国际地位和外交实力的悬差态势，显示出台湾"外交"的"弱势无力"和大陆在外交上的优势和强大的影响力；台湾当局在国际上无法保护台胞的权益，说明台湾"实质外交"作用十分有限。有的报纸嘲笑、指责台湾当局在人命关天的时刻还"不要中共帮助"，表明了他们纯系只顾自己"面子"，而"不以人道为前提"的行径。

香港报纸在社论中说，在救援台湾在科人员问题上，北京处理得相当漂亮，赢得台湾及海外各地华人的赞扬。香港《天天日报》8月26日在题为"中国使馆救人显尽民族感情"的社论中说，如果不是得到中共驻科威特使馆的义助，数百名港客及台湾人员仍陷落在战火迫在眉睫的险境，不知何日方能与家人团聚，甚至客死他乡的战火中。该社论还说，中共使馆协助营救港台同胞，让这群无助的"孤儿"先行撤走，纯是基于血浓于水的民族感情，纵所处地域不同，政治信仰有异，但彼此都是炎黄子孙。台湾的一些知名人士，甚至台湾及海外的亲台华文报纸也都认为，撤员一事有利于促进未来两岸的关系。

许多随我大队人马撤离科威特的台湾同胞再三感谢祖国向他们提供的帮助，多次流下激动的泪水。他们说，是祖国拯救了他们，他们永远不忘祖国对他们的关怀和照顾。旅美华人赞扬这一行动体现了我国对台胞"怀有深厚的骨肉情谊",是"患难见真情"。他们称赞我们采取果断行动,向处于险恶环境中的台胞伸出援助之手,此精神十分珍贵,犹如一颗"精神炸弹",其政治影响"无可估量"。它使广大华人看到,新中国才是全球炎黄子孙的"名副其实的坚强后盾"。

此外,台湾"外交部"派驻科威特"代表"因玩忽职守,临阵脱逃,受到台湾舆论界和许多华人的谴责。8月28日,台湾"外交部"以"在非常情况下失职"为由,解除了他的职务,并给予记过处分。据说,他是台"外交部"第一位因失职而被解职的"外交官"。海湾危机和海湾战争是20世纪90年代初发生的重大国际事件,在很长一个历史时期内,世人不会忘记这一事件。而在这一危机中,海峡两岸炎黄子孙共渡难关,也将成为中华民族统一进程中的一段佳话。

目击科威特被伊拉克占领
——战火中撤离科威特

秦鸿国（中国前驻利比亚大使、驻科威特使馆政务参赞）

　　1990 年，伊拉克公然侵占科威特，海湾战争爆发，这是 20 世纪 90 年代震惊全世界的一件大事。20 多年过去了，其后遗症至今仍困扰着这个世界。我当时在中国驻科威特大使馆工作，亲身经历了这段难以忘怀的历史。

1990 年 7 月，亚奥理事会主席法赫德亲王离科访华，最后落实北京亚运会的筹备工作，秦鸿国临时代办赴机场为其送行。

战前众多不祥征兆

1990 年 7 月，地处阿拉伯半岛大沙漠东北边缘的科威特，天气格外炎热，白天持续高温达摄氏 51 度，最高时竟达 53 度。骄阳似火，暑气蒸人，家家户户的空调昼夜转个不停。

7 月 17 日晚，我作为中国驻科使馆临时代办应邀出席伊拉克使馆举行的国庆招待会。一进宴会大厅，迎面挂的是一幅巨型手绘阿拉伯世界地图。地图上伊拉克首都巴格达的位置是萨达姆总统穿着军装的半身像，由其头像发出的粗线条光芒辐射至各个阿拉伯国家的首都。这一地图的构思和内涵十分明显，我暗暗思忖："雄心勃勃的伊拉克领导人千万不要失去理智……"

科伊两国近在咫尺，伊驻科大使长期滞留巴格达，当晚的国庆招待会由临时代办主持。科方出于外交礼仪，由副首相兼外交大臣和内政新闻大臣出席招待会，但他们在门口寒暄和交谈了 10 分钟左右便先后离去，都没留下进餐。显然，双方的外交礼遇和举动有悖于常理，足以表明两国存在芥蒂，酝酿着危机。

1961 年科威特脱离英国独立后，与北邻伊拉克一直存在着边界领土和石油争端，为解决这一争端，两国领导人时有互访，但互不相让。1990 年 7 月 18 日，伊拉克领导人和新闻媒体开始公开指责科威特，并向两国边界地区调集军队。萨达姆总统说："伊拉克用生命和金钱捍卫着阿拉伯世界的东大门，科威特却疯狂地偷采伊拉克边境的石油，这等于是用涂了毒药的匕首从背后戳了伊拉克一刀。"为此，科外交部次长连续三次召见各国使节，阐述科方立场，呼吁国际社会伸张正义，制止伊拉克的无理要求和军事威胁。

伊科关系日趋紧张。在阿拉伯国家多方撮合下，7 月 31 日，科王储兼首相萨阿德和伊拉克革命指挥委员会副主席易卜拉欣前往沙特西部

海湾战争前，秦鸿国夫妇在科威特海滨享
受碧海蓝天、舒适安宁和清新的空气。

港口城市吉达举行直接谈判，但谈判失败。8月1日晨，双方代表团离开沙特回国。

一切迹象表明，形势十分严峻。结合外电报道和评论，我当天赶写了相关电文，紧急报告国内。

伊拉克凌晨悍然入侵

8月2日清晨5时许，数架伊拉克战斗机划破科威特市上空的宁静，从使馆主楼屋顶低空掠过，刺耳惊心的呼啸声把我从梦中惊醒。我直觉最忧虑和担心的事情已经发生，急忙从床上跃起，推开紧闭的窗户。外面的枪炮声由远而近交织在一起，远处浓黑的硝烟翻滚升腾。我立即打开床头的收音机，科威特电台正在滚动播放国防部的一项简短声明，宣告伊拉克军队于凌晨2时悍然入侵科威特，科政府号召全国人民奋起抵抗，以一切可能的手段抗击背信弃义的侵略者……我顾不得换衣服，穿着睡衣直奔楼上，第一时间把这一突发事件报告国内。

正当我伏案疾书电报时，科外交部美大司司长打来电话："我向代办先生紧急通报，请您即刻报告贵国政府，科威特政府呼吁友好的中国和联合国安理会其他常任理事国主持正义，谴责和制止伊拉克的侵略，维护科威特的主权和领土完整……"

当我处理完以上紧急事务，走下楼准备去吃早饭时，看到使馆一些同志正在主楼门前观看空中一架架空投完毕返回的直升机：机舱门敞开着，舱内有两三个人探头俯视着战火纷飞的城市，机身上明显印着伊拉克国旗。

办公室的电话铃声又把大家吸引到楼内。驻扎在市郊的我国医疗队报告，他们所在的医院送来了很多伤员，询问外面的枪炮声是怎么回事……这一电话猛然提醒了我，经济参赞处、商务代表处、新华社分社和我国的13家公司以及约5000名劳务人员都分散在远近不同的城市和地区。我突然感到，自己肩上的担子有千斤重。

军事占领下的科威特

8月2日伊军占领科首都后，科威特政府部门全部瘫痪，社会服务机构也停止运转。战争恐怖笼罩着这个弱小的石油富国，令人透不过气来。

银行、商店、机关、学校、报社和出版社均面目全非，门窗被砸坏，内部被抢劫，有的甚至被纵火焚烧。昔日异常繁华、熙熙攘攘的市区和灯火通明的闹市已不复存在。马路上的公共汽车和出租车亦荡然消失，私人汽车和来往行人寥寥无几，取而代之的是川流不息、隆隆作响的坦

秦鸿国代办（右1）为准备撤
离的中国劳务人员送行。

克、装甲车和运兵车。城市绿化初见成效的路边小树、花草和街心花坛、草坪在烈日暴晒下开始枯萎，垃圾堆比比皆是，散发着令人窒息的气味。被击毁、仍在燃烧着的坦克和车辆冒着缕缕青烟。路边的自助加油站无人收费，过往车辆加油后扬长而去……

在伊军严酷的军事占领下，190万科威特人和近百万外国侨民的生活日趋紧张和艰难，衣食住行和人身安全受到严重威胁，战争恐怖更令人难以忍受。

原伊拉克驻科大使馆实际上已成为伊占领军的司令部。方方正正的三层米黄色楼房，底层有一个可容纳一二百人的大地下室，楼内电梯上上下下十分繁忙，到处张贴着萨达姆的肖像及"萨达姆总统是阿拉伯民族的伟大统帅"等标语。国庆节时装饰的彩灯依然环绕着使馆的建筑，

海湾战争结束后，重返科威特的秦鸿国夫妇在海滨留影，背景中可见弥漫的浓烟、枯黄的小树和弹痕累累的双塔。

但此时楼顶平台架起了四挺高射机枪，周围坦克和装甲车林立，荷枪实弹的士兵密集警戒，被捆绑着双手、蒙着眼睛的科威特人在军警的押解和推搡下进进出出，地下室已成为临时监狱。曾在科威特出任七年大使的伊拉克外交部副部长阿布·杰巴尔坐镇这栋大楼，是名副其实的"占领军司令"，有关科威特的一切事务须由他审批签字。

我们使馆在战争环境下坚持工作的 24 天中，与伊方打交道最多的就是阿布·杰巴尔。为了寻找我失踪的劳务人员，交涉撤离通道，特别是领取每批撤离人员的特许通行证，我曾先后去伊军司令部十余次，而不少次是在宵禁的夜晚，甚至是电话未能预约的情况下，冒着风险前往交涉。根据伊方要求，特许通行证必须由阿布·杰巴尔亲自填写撤离人员的人数、车辆数和路线，并最后签字和存档。

冒险夜访伊军司令部

8月19日晚，为领取次日中国离科人员的特许证，我与司机管蜀平不得不去伊军司令部一趟。我们晚9点出发，近11点才返回使馆，同志们都为我们捏了一把汗。

这一批撤离人员人数1818人、车104辆，是规模最大和最集中的一批。经过经参处和有关公司的精心组织和安排，第二天将要撤离的这批劳务人员和车辆数目，直到晚8点30分才最后确定并报告使馆，我必须当晚取得特许证，天亮前复印并分发给每辆整装待发的车辆。

大家送我们到使馆门口，不停地嘱咐着："路上千万小心！7点半已经宵禁了，他们随时都可能开枪。"

"现在只能靠车前悬挂的国旗和我的外交官身份硬闯了。"我边说边跨进了汽车。

夜格外深沉和寂静，潮热的天气酷似蒸笼，汽车里开着冷气，西装里边的衬衫已被汗水浸湿。放眼车外，漆黑夜空的星斗却发出冷酷无情的寒光。伊军在所有路口都增设了路障和岗哨，路上很少看到车辆驶过，只有架着机枪的伊军巡逻车往返忙碌着，不时拦路盘问和搜查。忽稀忽密的枪声从远处传来，异常清晰而恐怖。我在科威特工作和生活多年，这个国家的夜晚从来没有像现在这样阴森可怕过。

汽车驶近伊军司令部所在地区，戒备愈加森严。通过层层警戒路障时，伊士兵都要以占领者的姿态和特有的警觉，向你端起冲锋枪，高喊："停车！"我们不敢稍有怠慢，赶快出示证件，说明来意，方可通过。

当我走进司令部时，发现美国驻科使馆的军事参赞坐在阿布·杰巴尔的办公室门前——战前科政府不允许外国派驻武官，但允许派军事参赞，他实际上就是不穿军装的美国武官。我俩打完招呼后，他小声对我说："伊拉克外长塔里克·阿齐兹来了，穿着军装，刚上楼。看来阿布·杰巴尔现在很忙。"我们等了半个多小时，杰巴尔才从楼上下来，带我们进了他的办公室。他的贴身警卫双手握着冲锋枪站在门外守候。

进到屋里，美国军事参赞在和阿布·杰巴尔谈话。我坐在一边的沙发上，随手翻着茶几上早已过期的阿文报纸，听着美国参赞与阿布·杰巴尔交涉："我国的一名科技专家为了逃避战火，前两天开车逃往沙特阿拉伯，快到边界时在沙漠中被伊军开枪打死……"

"司令部已经两次照会各国原驻科使团，各国使馆人员和侨民撤离时，必须携带特许通行证，否则一切后果自负，"杰巴尔毫不客气地回答。

在旁边听着他们两人的对话，我不禁倒吸了一口凉气。好在一切顺利，我们办完了手续，使撤退人员及时离开了科威特。

科威特驯火记
——中国灭火专家在科威特

傅　严（中国赴科威特灭火专家）

　　1991年3月21日，中国国家主席杨尚昆和国务院总理李鹏在分别会见科威特国务大臣阿卜杜·拉赫曼·阿瓦迪时表示，中国将努力帮助科威特人民重建家园。次日，中国石油天然气总公司6人组成的专家先遣组便搭乘阿卜杜·拉赫曼·阿瓦迪的专机赴科。

　　7月14日，李鹏总理访问科威特期间，中科两国正式签署了油井灭火工程合同。根据中科两国合同，中国立即向科威特派出灭火队。灭火队由有着丰富灭火经验的四川石油管理局精选出的62人组成，另派国家石油部钻井工程师孙振纯担任灭火项目总指挥。

　　8月23日，中国灭火人员踏上了石油王国——科威特的土地。等待他们的并不是诗人笔下"大漠孤烟直，长河落日圆"的美妙景象，而是滚滚的浓烟和熊熊燃烧的烈焰，远远望去，如同一座座爆发的小火山。蓝天、白云尽被浓浓的黑烟吞没了。在海湾战争的废墟上，在700多口油井燃烧的环境里，他们毅然进入布尔甘油田，与其他10个国家、28支灭火队共同加入科威特灭火任务。

　　科威特在海湾战争前一共拥有1116口油井。战争中，有727口被炸起火或被故意点燃，大火每天烧掉价值1亿美元的石油。据有关专家

灭火现场记日记。

中国灭火队工程师
傅严在灭火现场。

测定，科威特油井大火每小时会散发出 1900 吨二氧化硫等有害物质，石油在大气层中形成的滴液与石油烟雾中的微粒对人的肺产生刺激作用，会导致居民患皮肤病、黑肺病和肺癌。这些惨状揪动着每个中国灭火队员的心。他们忘不了出国前立下的誓言，忘不了出发时亲人奏响的欢送鼓乐，更忘不了胳膊上佩戴的国旗标志。灭火队员们下了飞机，顾不上休息便换上工装，开始了灭火前的准备工作。

沙漠里的气温高达四五十摄氏度，沙砾滚烫，公路上的沥青被晒化了，就连地面上反射出来的热浪也能把人灼伤。浓重的油气烟雾呛得人口干舌燥，呼吸困难，眼睛干涩。漫天飘洒的热油雨，使贫瘠的沙地变成了黑色的油湖。

然而，这一切都没有阻碍灭火工作有条不紊地进行。经过周密调查，并得到了科威特有关方面的同意，中国灭火队决定采用传统的"切源—扣井—压井罩压法"进行全线灭火工作。

中国灭火队灭火工作现场

　　9月初，中国灭火队开始扑灭第一口着火的油井。推土机在滚烫的沙地上急速运转，伸出长长的臂膊，在两条高压水龙的喷射下，迅速扒开燃烧的油井上堆积的高达6米的油焦山，然后往井口罩上引火桶，以控制高达60米的熊熊燃烧着的火焰。

　　20分钟过去了，火势依旧；50分钟过去了，火焰仍然怒射冲天。这时，总指挥孙振纯指挥若定。只见他胸有成竹地发布着命令，高温、烈焰、浓烟仿佛全不在他的眼中。1小时零7分钟后，只见佩戴五星红旗臂章的灭火队员把两只水柱一齐射向油井套管器口，刹那间，井口油火被水分离开，火舌骤然消逝，黑色的原油喷向天空，形成巨大的烟雾。大火

1991年10月26日，中国驻科威特使馆临时代办秦鸿国（左）前往熊熊燃烧的油田看望中国灭火队，与队长孙振纯合影。（供图：秦鸿国）

熄灭了。就这样，这条肆虐了近7个月的火龙被乖乖地制服了。

初战告捷，极大地鼓舞了中国灭火队员的士气，他们以更快的速度展开下一步工作，在布尔甘地区又成功地扑灭了两口难度更大的油井大火。中国灭火队的成功赢得了各方的称赞。科方钻井总指挥纳希米握着中国灭火队总指挥孙振纯的手连声说："中国伟大，中国灭火专家计谋高超！"曾对中国灭火队技术持怀疑态度的美国现场灭火监督皮特也不得不伸出大拇指说："很好，很好。"

也许是出于信任，科威特把位于布尔甘油田8号集油站的168号火井也交给了中国灭火队。这是一口喷油量大、灭火温度高的油井。据现

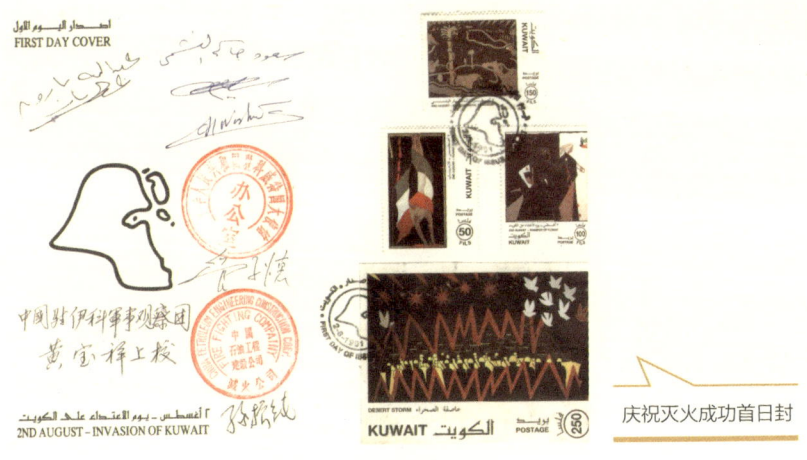

庆祝灭火成功首日封

场测算，这口井每天喷油量达到 2 万吨以上，喷口油柱达到 6 米，火柱有 20 层楼那么高。离油井 100 米开外，就能感受到热浪袭人。

中国灭火队员以 N80 推土机改装的灭火设备为前导，在油湖火海中迅速开出一条通道，扒开堆积在井口的三人高的油焦山。机械臂把长 8 米、直径 72 厘米的导火管套在喷火的井口上，5 条水柱在管口形成瀑布式水帘，终于把井口大火扑灭了。接着，灭火队员们反复地推沙压、用水龙浇，经过切割、更换井口、抢装井口、压井等一系列工作，随着井口阀门的徐徐关闭，这条狂躁不安的巨型火龙终于被中国灭火队关回地下。紧接着，中国灭火队又转战第 32 号油井。

站在 32 号油井前面，犹如站在一架大型喷气式飞机跟前，空气受热形成的热风发出了震耳欲聋的巨大声响。这里油井的温度在摄氏 1400—2000 度。高温把安全帽烤软了，防沙镜变形了，人像烤焦了似的口干舌燥，频频喝水也解决不了火烧火燎的滋味，多变的沙风随时都有可能把熊熊燃烧的烈焰吹到只穿一套橘黄色防火连体棉布工作服的灭火队员身上。滚滚浓烟笼罩着整个工作区。眺望天空，只见黑色的烟云形成一口"大锅"盖在灭火队员的头上。只有遥远的"锅沿"下露出一圈白颜色，那是远处的云。油井旁边的氧气含量只有20%，人待久了就会晕过去。恶劣的条件并没有成为不可逾越的障碍。机智勇敢的中国灭火队员连战速决，巧妙地把一顶"铁帽子"紧紧地扣在井口上，使井口凶猛的火势一下子被彻底清除。

1991年10月17日，是中国赴科灭火队最难忘的日子。这天上午9点45分，中国灭火队成功地扑灭了科威特政府分配给他们的最后一口油井的大火。至此，中国灭火队以82天扑灭1000万吨级油井大火的辉煌战绩，胜利地完成了赴科灭火的光荣使命。在科威特城以南的艾哈迈迪石油城举行的中国赴科灭火成功庆功会上，当地群众张灯结彩，载歌载舞，来到中国灭火队驻地，向以孙振纯为首的中国灭火队全体队员表示衷心的谢意和诚挚的问候！

难忘陪团九天
——记科威特新闻代表团访华

刘元培 （中国国际广播电台阿拉伯语部原主任）

应中华全国新闻工作者协会的邀请，科威特新闻代表团于 1999 年 10 月下旬至 11 月上旬访问了中国。因新闻工作者协会没有阿拉伯语翻译，便联系我帮忙，此时，我已退休在家两年，便愉快地接受了。

接到中国记者协会国际联络部电话的第二天，笔者前往天安门附近的东交民巷老记协报到，接受任务，了解接待计划、具体访华日程等。

各大报社总编

代表团阵容庞大，团长是科威特新闻记者协会执行委员会委员、记协司库、阿拉伯记协对外关系书记阿德南·哈里发·拉希德。团员中包括两位记协理事和科威特《祖国报》《火炬报》《舆论报》《消息报》的总编。

代表团抵达的第二天，中华全国新闻工作者协会常务副主席、书记处书记郑梦熊与代表团举行了座谈。在介绍了中国记协的情况后，郑梦熊表示中国记协积极开展与国外新闻界的交流，先后组织了几十个代表团出国访问，其中也有阿拉伯国家。1995 年，中国新闻代表团访问了科威特。科威特新闻代表团团长阿德南·哈里发·拉希德也介绍了科新闻事业的发展和代表团成员等。最后，郑梦熊回答了代表团成员的提问。问题涉及面很广，包括中美、中俄、中朝关系，中东和巴勒斯坦问题，

《北京日报》社社长满运来（右4）
与科威特新闻代表团合影。

台湾、香港、西藏问题和中国的改革开放等。他们不愧为新闻记者，提问踊跃，问题敏感。

一天下午，全国人大常委会副委员长布赫在人民大会堂接见了代表团。布赫副委员长向客人介绍了中国跨世纪的宏伟目标、中国人大在依法治国和民主监督中发挥的作用，也谈到了中科传统友谊。他表示，中科两国新闻工作者应加强交流，促进相互了解。代表团成员也提出了有关计划生育和发挥妇女作用等问题。

根据代表团的特点，接待单位安排了两次报社专访：在北京，访问了《北京日报》；在上海，访问了《新民晚报》。

在一个晴朗的上午，我们驱车来到了北京火车站附近的北京日报社。

时任北京日报社社长满运来满面笑容地在门口迎接我们。在贵宾接待室坐定后，满运来社长简单地介绍了《北京日报》的情况，他说："《北京日报》创刊于 1952 年 10 月 1 日，为中共北京市委机关报。毛泽东同志于 1952 年和 1964 年两次为《北京日报》题写报头。北京日报社坚持高扬主旋律，贴近老百姓，投身大市场的总体思路，以广泛的新闻覆盖、深度的观察思考，丰厚的文化底蕴和精美的制作品质，为读者提供精彩纷呈、赏心悦目的精神食粮。"代表团一成员问："报纸每天的发行量是多少？"满社长回答："约 30 万份。"（注：2018 年已达 40 万份。）

虽然时令已交深秋，但上海气候仍然较热。在浦东新区访问时，代表团去上海香格里拉大酒店吃冷饮。该酒店位于黄浦江东侧，我在门口等待客人时，就到江边散步。对面的外滩尽收眼底。过去的外滩有令人骄傲的高楼大厦。1959 年国庆十周年的时候，我曾陪同伊拉克友好代表团访问上海，其中一个重要活动项目就是参观上海大厦。过去，该大厦是上海外滩最高建筑之一，最高也就是十一二层。外宾被邀登上楼顶，眺望上海市容，远望对岸的浦东。当时的浦东是一片棚户区，映入眼帘的是低矮的房屋和破旧的街道。可如今，浦东发生了翻天覆地的变化，数不清的大楼拔地而起，创造了太多让世界震惊的"中国高度"。

新民晚报社位于上海市威海路文新报业大厦，科威特新闻代表团进入《新民晚报》办公区时，受到金福安总编辑的欢迎，宾主进行了简单的交谈。会谈后，代表团一行参观编辑部。在排版电脑前，客人们目不转睛地观看编辑操作，并提出了一些问题。报社设在大厦的 37 层，大家颇有兴趣地走到窗前，俯视上海市容。威海路是上海市中心一条东西方向的马路，周围聚集着上海著名的建筑，如上海电视台大厦、四季大酒店、中国民生银行大厦、上海招商局广场等。在现代化的楼房之间，夹杂着上海所存不多的精美的弄堂，其中有毛泽东早期从事革命活动时

刘元培与科威特《祖国报》副主编瓦利德（左）在长城上合影

来上海住得时间最长，与夫人杨开慧一起生活的旧居。大家看得津津有味，久久不愿离去。

个个是好汉

10月的最后一天，记协安排代表团游览长城。这天，太阳朦朦胧胧，凉风掠面。一些团员穿起了羽绒服、短大衣，围起了围巾。但在小巴车上，大家一路欢歌笑语，团长还拉着我与他共舞。

汽车飞快地奔驰，公路两旁的青山迅速向后倒退，不知不觉已到达目的地——八达岭长城。大家远望着这蜿蜒起伏的长城，个个露出骄傲之情，他们终于实现了自己的愿望：游览世界闻名的古建筑奇迹——长城。

大家一步一步地向上走去，登上一段台阶，来到了一座正方形的城台。这时，我告诉他们，毛泽东主席说"不到长城非好汉"，今天你们登上了长城，你们个个都是好汉，都是英雄。此时，随团的记协摄影师为他们照相，证实他们已登上长城，已成为"英雄好汉"。

《祖国报》副主编瓦利德·贾西姆·阿勒贾西姆是科威特新闻团内最年轻的团员，他兴致未尽，继续前行。我虽比他年长二十，也决不示弱，陪同登高，并拍下了一张有纪念意义的照片。

两位杰出女性

科威特代表团中有两位女性。其中一位名叫玛苏麦·穆巴拉克，她当时加入代表团是代表科威特的重要媒体《政治报》。这位团员与众不同，她不是纯新闻工作者，而是教授和撰稿人。她是科威特赫赫有名的人物，是科威特大学政治学教授，后来被任命为科威特首位女大臣。

在科威特新闻代表团来华前，玛苏麦参与起草了拟向中方提出的13个政治问题和10个经济问题。由于他们是记者，加上玛苏麦这位政治学专家，所提的问题十分重要和敏感。看来，他们对国际动态和中国发展作过深入的研究和讨论。

他们提问的政治问题中有：中国在中东地区的作用是否受经济目的或政治意图制约？中国如何看待关押在伊拉克的科威特俘虏问题？中国如何看待巴以、叙以和黎以的和平进程？中国和朝鲜关系冷淡，但与韩国关系偏热，这两者有否联系？香港和西藏的政治权利和社会自由的前景如何？

他们提出的经济问题中包括：中美关系十分重要，但双方对一些问

代表团从《新民晚报》大楼向外眺望。前排左1是团长阿德南·哈里发·拉希德，右3是玛苏麦，后排左1是法蒂玛。

题存在分歧，例如美国对人权和知识产权的态度等，这些分歧会影响双方总的关系吗？虽然中国在经济和技术领域取得重大进步，但仍属于发展中国家，这是什么原因？经济学家提醒中国政府不要让人民币贬值，如果人民币与美元的汇率下降10%—20%，那将对中国私有经济产生消极影响，你们对此有何评论？

科威特新闻团回国后，我关注了团员们的动向和有关报道，特别是玛苏麦·穆巴拉克当了女大臣后的情况。我有时去科威特驻华使馆索取科威特报纸，收集他们的材料，并分类剪贴。资料最多的当属玛苏麦·穆巴拉克。

从学校到工作单位，玛苏麦·穆巴拉克一直没有离开过计划和政治。1971 年和 1973 年，玛苏麦获科威特大学政治学和计划学学士学位。1976 年后，她去美国留学，先后获得北德克萨斯州立大学政治学硕士和科罗拉多州丹佛大学国际关系学哲学博士学位。1982 年后，她任科威特大学政治学教师，还兼任科罗拉多州丹佛大学和巴林大学访问教授。

玛苏麦是科威特《新闻报》《政治报》《火炬报》和沙特阿拉伯《祖国报》、巴林《海湾新闻报》等报纸的专栏作家，作品内容主要涉及国际关系、第三世界政治发展、国际法律、国际外交、妇女与人权等问题。她的作品文笔犀利、见解独特，深受读者喜爱。

2005 年 6 月 12 日，科威特的妇女解放运动向前迈出了重要一步。当时 54 岁的科威特大学政治学女教授玛苏麦·穆巴拉克被任命为计划和行政发展事务国务大臣。

被任命为大臣后，玛苏麦·穆巴拉克说："这不仅仅是我个人的荣誉，也是给予每一个为证明科威特女性能力而奋斗的妇女的荣誉。"她同时强调，她进入内阁，不是因为她是伊斯兰教什叶派，而是凭自己的经历、经验和知识；因为是妇女，她不希望受人控制和攻击。

代表团中另一位女士是法蒂玛·侯赛因。她光亮褐色的头发、清澈闪亮的眼睛、高贵机敏的神气给我留下深刻的印象。由于入秋，天气渐凉，不少团员穿起了羽绒服、棉坎肩、毛围巾。法蒂玛的穿着当时已略有不同，她对衣着比较讲究，款式时尚，颜色搭配协调。意大利黑皮短大衣，咖啡色西式裤子，配上一条白色羊毛长围巾，显得美观大方。每次代表团外出活动，一路上总是谈笑风生，有时还唱歌跳舞，法蒂玛也是其中的活跃分子。经接待单位中国记协介绍，我知道她是代表团第二号人物，科威特记协理事，著名新闻记者、撰稿人、作家。

法蒂玛·侯赛因曾获得由科威特文化艺术和文学全国委员会授予的国家钦佩和鼓励奖。这是科威特文学艺术的最高奖项。

21 世纪初，法蒂玛·侯赛因写了一本个人回忆录《我的纸张》，记述了个人的成长经历和科威特的发展，自己是如何融入国家文化、社会和政治的大变革中的等。

法蒂玛出身于科威特老城一个传统的家庭。家里住的房子很大，房间一个连着一个。房间多、园子大，对男孩是好事，他们可以玩捉迷藏和其他游戏。但对女孩来说，只能待在屋内，不准到室外游玩。除自家屋子外，允许走动的地方还有邻居家，她可以和同龄的女孩一起玩，也可以到附近的叔叔家找堂姐妹尽情嬉戏。

一次，一家阔少举办婚礼。受邀者不仅仅是亲朋好友，凡是知悉者均可参加，当然，不少男孩也前去凑热闹，吃喜糖。法蒂玛和其他女孩只能站在屋顶，看人们唱歌跳舞。

一件事轰动了学校、家长和左邻右舍。一天，法蒂玛和几个女同学一起，鼓起勇气扯下扎在头上的白围巾，在校园内当众烧了。这可惹了大祸。大家心想，露着脸和头发怎么回家？对这种行为，家长肯定要惩罚。一路上，大家低着头，心腾腾跳个不定。但倔强的法蒂玛毫不在乎，她顶住父母的谩骂和各方的责难，日后还是不戴头巾，一直延续到中学、大学，直至现在。

1956 年法蒂玛高中毕业时，国家准备派部分学生到国外留学。她选了开罗，首先因为埃及同讲阿拉伯语，其次开罗是历史古城，有许多神秘之处，它又是阿拉伯国家的中心。这年夏天，她和其他男女同学一起前往埃及留学。这是首批科威特女生被派往埃及大学学习。她第一次走出国门，离开了亲爱的爸妈和爷爷奶奶，也告别了家规束缚。她没有戴头巾，露出了短发，登上了飞机。但到达开罗机场时，她怕旁人议论，便穿上长袍，戴上了头巾。

走进开罗大学，先到商贸学院，她对商贸不感兴趣，于是又走进了文学院，挑选了自己比较喜爱的、属于该学院最小的专业——新闻系。

科威特姑娘每到一处，后面总有一些埃及记者尾随，好像她们来自另一个星球。报道最勤的是埃及《最后一点钟》杂志，它在首页刊登了她们在宿舍和大课堂里的照片，标题十分醒目："7 名科威特姑娘首次和男子在一起"。此大标题犹如晴天霹雳，激怒了法蒂玛和其他科威特姑娘。她们说："我们是身家清白的姑娘，到埃及来是为了求知，并非其他目的。"

回到住地，姑娘们的情绪慢慢平静，大家立即给家人写信，也专门给派她们到国外求学的负责人发了信，先报平安，再告诉他们有关埃及杂志报道的事——先入为主，赶在该杂志发往科威特之前。法蒂玛在回忆当时的情景时说："我永远不会忘记，我们是多么担心，怕家人不理解，因为部分家人不知道我们同去开罗大学学习的还有男生，更怕一气之下把我们撤回国内。万幸的是我们的信比埃及那家杂志早到科威特。更使姑娘们感到意外的是，家人对所发生的事表示理解，这大大出乎大家的预料，风暴就此平息。"

1961 年，法蒂玛先于科威特其他女性在美国撰写报道和录制节目，然后传送到国内，在科威特电台播送。她制作的第一篇广播报道是《一个科威特女性在纽约的日记》，该报道播出后，受到听众的好评。

在新闻部次大臣的劝说下，法蒂玛走进了科威特广播电台的大门，从而开始了自己的新闻职业生涯。她先做每天一刻钟的妇女节目，并身兼四职：撰稿、翻译、制作和主持。她的节目内容包罗万象，用科威特方言广播——她是第一位科威特方言女播音员。她的出现引起科威特媒体的注意，《舆论报》用整版篇幅刊登了该报记者与她的谈话。

科威特电视台建立后，掌权者尽力在全国发掘和收罗一切才能出众的新闻人才，法蒂玛很快被电视台选中。她说："电视台看中了我的优越条件和不凡能力。我对电视台这份工作较满意，但我不考虑报酬。意外的是，他们决定让我每周主持四期节目，每期给 10 第纳尔（约为 35 美元），这样一周就有 40 第纳尔的收入。一个月后，每周的酬劳提高到 50 第纳尔。"

法蒂玛是科威特第一位电视女主持。她喜欢外表简朴，不化妆就上镜头。在节目中，她讲一口流利的科威特方言，目的是拉近传播者与未受过教育和不擅长讲标准阿拉伯语的观众的距离。

数年后，法蒂玛离开了电视台，但她在电视上主持节目的神情姿态和机智灵敏深深留在了观众的脑海中。直到现在，还有人问她："你怎么离开电视台不干了？"好像她离开电视台仅是几天前发生的事。

离开电视台后，法蒂玛继续从事新闻工作，不过已从"舌头"转向"笔头"——任《萨姆拉》杂志主编。1985 年，她开始任新闻咨询委员会委员。1991 年后，她主管《祖国报》编辑工作，还在阿联酋的《联合报》工作过一段时间，最后任科威特记协理事。

法蒂玛积极为妇女争取权利。她经常说："我的新闻使命是促成妇女参与各个岗位。呼吁女权是生存的必需，而不是表面宣传。保卫妇女权利是政治行动，要重审过去的规章制度，要对妇女自己进行权利和义务的教育。"她在主持的妇女节目中再三强调男女平等，引导怎样处理好夫妻关系，她认为，夫妻间应相互尊重，而不应是主从关系。她希望各党派团体能采纳男女各方的意见，发挥各自的效用。

如今，法蒂玛已进入古稀之年，儿孙满堂。每逢星期四（阿拉伯人的周末），全家人回到妈妈或奶奶的身边，法蒂玛便为大家做好吃的。她最拿手的是奶油炒麦饭，她不爱在炒饭中加肉，而是加蔬菜。

人退休了，但笔不休。她说："我还不满足，我将不放下手中的笔，读和写是我的所爱。像我这样的年龄，我觉得，写作可活跃我的大脑，所以我迷恋新闻写作。但我不能领导一个新闻机构，应该让位给年轻人，因为他们了解时代的语言。"

科威特新闻代表团的每一位都在我的脑海中留下深刻的印象。在职业生涯中，我曾陪同过埃及《共和国》报总编、苏丹田径队和埃及总统穆巴拉克访华团等，但都不如科威特新闻代表团令人难忘。陪伴科威特新闻团度过的那欢快的九天我至今记忆犹新。直到最近，我还在通过自己在科威特的朋友和学生打听他们的近况。

2018年1月底，有朋友从科威特发来微信说："2017年4月中旬，科威特埃米尔、王储和首相分别接见了科威特新闻记者协会执行委员会主席法蒂玛·侯赛因（当年科威特新闻访华团主要成员）和委员，其中包括阿德南·哈里发·拉希德（当年科威特新闻访华团团长）。"

镜头定格在历史瞬间

傅　严（中国赴科威特灭火专家）

人不能创造时机，但是他可以抓住那些已经出现的时机。——雪莱

人生成功的秘诀是，当好机会来临时，立刻抓住它。——狄斯累利

善于捕捉机会者为俊杰。——歌德

世界上有许多做事有成的人，并不一定是因为他比你会做，而仅仅是因为他比你敢做。——培根

我们多数人的毛病是，当机会朝我们冲奔而来时，我们兀自闭着眼睛，很少人能够去追寻自己的机会，甚至在绊倒时，还不能见着它。——卡耐基

一个明智的人总是抓住机遇，把它变成美好的未来。——托·富勒

只有愚者才等待机会，而智者则造就机会。——培根

我自幼喜欢背诵这些朴实无华、富于哲理的名人名言，因为它们鼓我斗志，催我奋进。我发现，这些名人名言在表现本民族的精神、思想、生活方面，都是以精炼的语言表达一个重要的思想观点。苏联文学家高尔基说过："名人名言里面饱含着可以写出整部书来的智慧和感情。"

值得提及的是，在半个世纪的石油生涯中，我有幸参与了赴科威特灭火战役，真巧，这正是把名人名言理论联系实际的好机会。为此，我

抓住这个难得的机缘，主动出击，付诸实践。虽然在科威特灭火的时日既辛苦又短暂，但我抓住了那些已经出现的时机，并进行大胆有意义的尝试。下面，我将抓拍赴科灭火历史瞬间的故事讲出来，以飨读者。

记得上小学的时候，我曾阅读过这样一则传播甚广的故事：有个猎人外出打猎，别人劝他把枪里装上子弹，他不以为然，说道："打猎的地方还远着呢，到那时装一百发子弹也来得及。"走着走着，忽然发现水面上漂浮着一大群野鸭，当他忙着往枪膛里装子弹时，鸭子听到了响声，早已走了。

读过这则故事，倘以我们的眼光自然都会认为，猎人是一个不听劝阻、太过愚笨的人。但这也由此引发了人们的思考：机会总是留给有准备的人。

在我们的日常生活中，有许多这样的事例可以印证和说明这一点。

努力抓拍人类历史发展进程中重大事件的精彩瞬间，如今已成为中国乃至世界各国摄影记者实现自我价值的强烈愿望和终极目标。所以，手握相机、具备专业技术的摄影师们，人人都热切盼望着人生中能遇上这样的机会。

然而，这个机会却偏偏留给了职业与摄影无关、毕生从事石油钻井工作的我。

"感谢中国灭火专家傅严工程师，定格了诸多脍炙人口、记录中国灭火队竭尽全力帮助科威特灭火的时代经典影像。"科威特摄影家协会主席穆罕默德·阿里在展会现场不无感慨地赞叹说。

1992年6月16日，由中国新闻摄影学会主办的第11届全国新闻摄影作品展览颁奖典礼在冰雪名城哈尔滨隆重举行，现场揭晓本届赛事各个奖项。我凭借作品《海湾战争受害的白鹭》获得铜奖。

傅严在颁奖典礼上。

　　本届大赛的全场大奖从英雄组中产生。经过层层筛选和评审，我的这幅《海湾战争受害的白鹭》在众多参赛作品中过关斩将，一举夺得全场大奖。

　　作品《海湾战争受害的白鹭》画面的主人公，是一只浑身沾满黑色油污的白鹭鸶鸟，它摇摇晃晃、战战兢兢地蹲在一辆被毁的战车后面，似乎在有气无力地喃喃自语："救救我吧，快带我离开这个鬼地方。"

　　画面语言真诚朴实，仿佛白鹭鸶鸟那孤立无援、声声凄厉的哀鸣惨啼刺入耳膜，刺激着评委会人员的大脑神经，感动了在场的每一位观众。

　　谈起照片拍摄的经过，我向观众们动情地娓娓道来：

　　1991 年 10 月 11 日，当地时间清晨 6 点左右，我和战友们按上班时间来到科威特国布尔甘油田 BG-42 号井现场。

傅严获奖摄影作品《海湾战争
受害的白鹭》

BG-42 号油井是一口百万吨级的高产油井，由于地处低洼，井毁着火，该地区形成一片油湖，变成了一片火海。

经过十来天血与火的殊死搏斗，中国灭火队付出了一人轻度烧伤、一台推土机被烧毁的代价，终于将这条肆虐了一个多月的"火龙"降服。

黎明前的黑暗，以及 7 个多月的油井燃烧造成的大气污染，使油田上那些燃烧着的数不清的油井火焰似荒漠风沙中摇曳的蜡烛，像坟场上的点点鬼火，点缀在科威特这幅黑色的画面中，窒息得让人透不过气来。一轮残月悬挂在夜空中，微弱的月光散落在这片被黑色覆盖的大地之上，恰似森林深处，给人一种阴森森的感觉。

忽然，几声凄厉的惨鸣刺入大家的耳膜，撕裂了我的心扉，刺激着我们的大脑神经。我发现，就在我们的近旁，有六只像白鹤的黑鸟在油湖中挣扎。其中的一只（即照片中的那只）已经摇摇晃晃地走到了湖边。可以想象，那只可怜的生灵在那一分多钟时间里是多么的绝望与无助！

我立即放下手中的活计，来到它的跟前。仔细一瞧，这鸟尖嘴、长颈、细腿，满身油污。我二话没说，马上和灭火队员汪荣华一起把它从油湖的油泥中抓到公路上，用洗涤剂给它擦洗羽翼。途经此地的一位索马里籍司机见状，停下汽车加入救鸟的队伍中。这位索马里司机用安全帽盛满矿泉水喂它，然而，它不听招呼，仍不停地哀鸣。

两个多月了，在这每天毫无生气的恶劣环境里，终于见到了生灵，但它受到这样的折磨，令我和我的战友们心情沉重，更掂量到肩负的赴科威特灭火、为国争光的使命具有何等的分量。

我利用太阳从遮天蔽日的滚滚浓烟中露出来的瞬间亮光，用随身携带的尼康自动相机拍下了这只白鹭求生的镜头。

有人说我是灭火战士，是火海中的摄影专家，那都是过去的事了。当年，我们从科威特胜利归来，曾掀起一股中科互助友好摄影热潮。那一年，我刚 44 岁。彼时，多少热心的读者、观众为我的摄影作品喝彩，为我呐喊。如今，我已进入古稀之年，但依然健壮、豪情满怀。我的物质生活虽然清贫，但精神生活充实丰盈。

诚然，当年世界各国民众都像关注海湾战争一样，密切关注着科威特油井灭火工作的进展情况，中国政府更是关注着赴科灭火队的行踪，期望科威特国土上熊熊燃烧的 727 口油井大火早日被扑灭。远道而来的中国灭火队不负祖国母亲的期望，1991 年 9 月 8 日我们只用了 1 小时零 7 分便扑灭了科威特南部布尔甘油田 214 号油井的大火，首战告捷。

喜讯传进中南海，时任国务院总理李鹏听后十分高兴。要知道，那

李鹏总理接见灭火队员。

份中国灭火队赴科威特灭火的合同，正是当年 7 月中旬李鹏总理访问科威特期间双方正式签订的。中国是继美国、加拿大之后赴科灭火的第三个国家。

1991 年 11 月 17 日，63 名中国灭火队员在科威特扑灭 10 口油井的大火之后，手举鲜花、身披绶带载誉归国。一下飞机，我们就乘大巴直接驶往中南海，在怀仁堂受到了国务院总理李鹏的亲切接见。

彼时正是星期天，秋色中的中南海显得格外安静。李鹏总理一见到身穿橘黄色连体灭火工装、佩戴中华人民共和国国旗臂章的灭火队员，显得格外高兴，与队员们一一握手，表示慰问。

李鹏总理首先亲切地用四川话向队员们问道："你们都是四川人？"

在场的 50 多位操着四川口音的队员们激动地答道："我们是四川人。"

李鹏总理对中国灭火队圆满完成赴科灭火任务给予高度评价。他说："在气温高、污染严重、竞争激烈、生活条件差的环境下，你们在科胜利完成了扑灭 10 口难度大、喷油多的油井大火的任务，为中国石油工人争了光，为祖国争了光。我代表党中央和国务院向你们表示衷心的感谢！"

他说，中国灭火队在战后的科威特，一靠机智勇敢，二靠科学技术，战胜了熊熊烈火，显示了中国石油工业的技术水平，希望你们回来后认真总结经验，把灭火技术再提高一步，为我国石油工业的发展作出更大的贡献。

中国灭火队总指挥孙振纯向李鹏总理和邹家华等领导同志汇报了在科威特参加油井灭火工作的情况，对中央领导同志给予的评价表示感谢，并表示在今后的工作中一定要作出更大的努力。

"雪中送炭，救火如救人"——这是中国政府赋予 63 位中国灭火队员的神圣职责和光荣使命。

时光荏苒，岁月如梭，如今，我和战友们赴科威特灭火虽然已经过去 26 年了，但这段赴汤蹈火感动中科两国民众的友好故事依然存放在我的记忆深处。

我与中国的情缘

侯赛因·赛义德（北京汇盛明悦贸易有限公司总经理）

我是侯赛因·赛义德·穆斯利姆·赛义德·穆斯塔法，科威特人，在家里 11 个兄弟中排名老五。在科威特念完高中后，我到英国学习工程学，之后前往美国留学。回到科威特后，我在科威特科学研究院工作了 19 年。1994 年起，我和孩子们多次游览中国，研究她的过去、现在与未来。此后，我决定和孩子们移居中国，在那里学习与生活。我一生中已经游历了 86 个国家，但在其他国家旅行都没能获得在中国那种心灵和思想上的愉悦和放松。我花了近两年时间计划、研究从科威特移民中国，并最终作出决定。

从科学研究院辞职后，来自中国、瑞典和其他国家的公司纷纷向我发来工作邀请。我最后决定前往中国这个拥有伟大创造性文化的国家。中国拥有数千年悠久灿烂的文化，在不同历史阶段受到世人尊重和赞赏。我决定去中国工作，在 960 万平方公里的辽阔土地上举着科威特的火炬；我要带着科威特的名字，游历南北端相隔 5500 公里、东西端相隔 5200 公里，陆地边境线长 2 万公里、海岸线长达 18000 公里的中国大地。

1998 年，我终于作出最终决定——迁居北京，在中国定居。我来到了中国，"一个拥有 6000 多座岛屿、众多河流、4400 多种脊椎动物和 32000 多种植物的国家"。

作为一个科威特人，我为自己的祖国而自豪；我也热爱在北京的生活，尽管有些法律对于外国人十分严格。中国人尊重穆斯林，中国史书记载着阿拉伯四大哈里发时期派遣的各位使节及其使命，以及来自波斯、阿拉伯和土耳其等国的使节持续来访的历史。中国有许多穆斯林公民，这里有清真寺，56 个民族相互通婚，和谐相处。取得博士学位后，我曾在京内外的几所大学教授工程学和英语。赞美真主，我成功了。

我把孩子们送进了北京的语言学校学习，几年后又把他们送入当地的中学和大学。因为打算最终定居北京，2000 年我决定在北京朝阳区建国门外附近买一套房子。从那时起我就生活在这里。通过与学者们一起工作，我才了解到中国被称为"历史学家的天堂"，她拥有几千年历史，历史学家传承着中国文化，将它从祖辈传给孙辈；我也了解到他们的道德哲学是人类文明的源泉，留下了不容小觑的文化传统。中国的学校里也仍然在教授传统文化，我们听到 2500 年前的老子、孔子等最古老的哲学家，还有一些天才，向世人展示了惊人的思想和发明创造。

孩子们上中学和大学后，我感受到了沉重的经济负担，特别是在那几年物价飞速增长的情况下。我的孩子中，尤努斯在中国医科大学学习，后来回到科威特工作和生活；尤素福在北京念完中学又考上大学，现在打算到北京的首都医科大学攻读博士学位。

经过长时间调研，我了解到中国农业前景广阔，中国也是世界制造业中心，特别是在重工业、设备制造、水泥、肥料、灌溉设备、运输、船舶和汽车等领域。2010 年，我开设了一家贸易公司，开始联系在科威特和海湾国家的朋友们。我克服各种困难，成功与他们签约，通过我的公司从事出口贸易，也陪同一些商人深入中国的工厂和实验室考察。我的公司主要出口纺织品、茶叶和收音机、电视机等电子设备。

我与这一灿烂文化的接触为自己带来了发展。中国文化融合了各个少数民族（都是中国人）的高度发展，他们彼此互敬互爱，带着活力和热情融合在一起。我经常跟中国朋友见面，邀请他们来我家或是一些大

侯赛因携带科中两国国旗参加科威特—伊拉克卡尔巴拉的 840 公里越野长跑比赛。

学的小广场和报告厅，试着用英语就贸易和文化问题交换看法。这样，他们也锻炼并提高了英语水平。他们有些人每次都准时到来，还在家里专门腾出房间让孩子学英语；有些人邀请我们去餐厅吃饭，在那儿用英语交流；有时在花园里，我们热烈地交流讨论，后来还携家带口一起去旅行。

对待我们的祷告或斋戒，中国人表现得十分宽容，不会有人过问这种礼拜，所有人都说自己爱全天下的人。在中国新疆，约 80% 人口都是穆斯林，我们跟那里的许多学生保持着联系，他们对于自己是中国人、是穆斯林感到十分自豪。

每次中国朋友邀请我们去北京之外的地方游玩时，总是不需要我们自己花钱。有些人会告诉我们相关公司承担了这些开支，说这些会议、访问和会面能让大家团结起来，促进彼此间的生意。迄今为止，我已经参观游览了中国 96 座美丽的城市，与不同民族的很多人都建立了不错的关系。春天，在内蒙古，他们搭起帐篷，在闲暇时间练习赛马、赛车等。很多中国人都喜欢阅读写作，一些人记录随想、进行创作，或者发明创新，造福国家各种产业。我发现，一些人还将想法直接传达给了工厂。

很多中国人不爱玩有身体摩擦的力量游戏，如足球、篮球等。他们的运动多追求放松、平衡、平和的呼吸，特别是骑自行车、放风筝、体操等。他们喜欢个人运动，我的孩子们学习了这一点。中国人的身体素质并不是很强，大学如果举办足球比赛，总会依靠我们的孩子，或是来自美国、澳大利亚、欧洲的孩子。

来自中国农村的孩子对我们孩子的外形感到好奇，说你们长得和我们不一样。曾经有一个孩子跟他的家人描述我的长相，说我有胡子，是这样这样的……虽然农村人不太与别人交际，但他们正直淳朴、性格健全。中国有不少人开始研究科威特历史与社会生活，他们向我们强调：你们要保持自己的生活和历史。

通过这些交流，我们了解到，伊斯兰国家的侨民们 1000 多年前就来到了中国，发往中国的信件以及从阿拉伯国家、波斯和土耳其前来中国的队伍从未间断过。中国人友好地与外来穆斯林相处，尊重他们的信仰，来自阿拉伯、伊朗和土耳其的家庭与中国家庭通婚的情况也时有发生。穆斯林约占中国 13 亿人口的 7%—8%，他们拥有清真寺和按照伊斯兰方式（清真）操作的屠宰场所。当然，任何一位清真饭店店主都要拿到屠宰许可证。他们有伊斯兰教的节假日和庆典，生活非常美好！

在北京多所知名学府执教的这几年（其中有一年在海南大学），是我与中国人一起生活、工作最美好的岁月。他们尊师重教。这几年里，

本书主编吴富贵与侯赛因在宴会上合影

我参加了 18 场学生的婚礼，他们来自不同民族和地区，传统各不相同但都十分美好。中国人尊敬外国人，他们的慷慨豪爽我只在伊拉克和巴林见过。

中国每年向科威特人提供 5 个奖学金名额，此外也有自费来华学习的科威特学生，因为科威特高等教育部门拒绝为他们提供奖学金，理由是中国高校的学历尚未被科威特承认。我建议科威特高等教育部门派遣由文化领域公认的专家来中国考察这里的大学水平，为众多梦想来中国高校学习的科威特学子们提供机会。尤其值得一提的是，这里大多数高校可以按照学生意愿以中英文授课。

科威特埃米尔萨巴赫·艾哈迈德·贾比尔·萨巴赫殿下曾两度访

侯赛因和儿子一起与科威特国埃米尔萨巴赫合影。

问中国，一次是在 2005 年，我很荣幸见到了他；另一次是在 2010 年，我从他身上看到了慈悲的胸怀，得到了父亲般的建议。他一方面鼓励我们要付出更多努力，同时要旅居中国的兄弟们不忘亲爱的祖国——科威特。

每年回历 1—2 月，我都要回到祖国科威特，逗留两个月，看望亲爱的母亲、兄弟姐妹以及其他家人和朋友。每年，我都从科威特步行 840 公里到圣地卡尔巴拉。我随身带着科威特国旗和中国国旗，因为我绝不会忘记这两个给予我关怀、慈爱和尊重的国度，尽管我在中国是一个异乡人。

在众多的中国城市中，我有机会去过南京。它是一座古城，历史悠久，有许多重要景点，如夫子庙、总统府、中山陵、明孝陵、南京大屠杀纪念馆、雨花台等。游览南京期间，我参观了记录日军侵略罪行的南京大屠杀纪念馆，与中国人一起为大屠杀遇难者献上花圈。馆内还有象征和平和友谊的树林。在游客签名簿上，我写下了"深切哀悼"，因为这是那场侵略罪行的纪念之地。

尽管我没能参加中国人民抗日战争胜利周年庆典，但这次我来到了大屠杀纪念馆。我来到这里，是因为 1937 年第二次世界大战期间，30万中国无辜平民在南京大屠杀中遇难。我们悼念逝者，为他们献上花圈，这是我能做的最基本的事。馆内还有很多雕刻、图画、塑像等艺术品引起了我的注意。其中有一组雕像，被害的母亲倒在地上，旁边坐着她的孩子们，一个小女孩还趴在她胸口吃奶，母亲的乳房是孩子最好的安慰。看到馆内很多这种表达大屠杀的作品，我的眼泪止不住地流淌，人怎么能如此残忍？在入口处的电子屏上，我们能看到夺走成千上万无辜中国人生命的血腥场面，很多家庭全部遇难。日本人还糟蹋了很多很多中国妇女……数万张有关那场大屠杀的照片和场景至今仍然印在我的脑海里。

进入纪念馆，你可以看到一排排高耸得令人惊讶的架子，上面每个文件的外形就像一本书，记录着南京大屠杀遇难者的个人信息，这是为了吸取过去的教训，以史为鉴。这让我想起了伊拉克前总统萨达姆·侯赛因。科威特也曾像中国一样遭受了侵略，最后是在国际社会的支持与帮助下才将侵略者驱逐出科威特。需要指出的是，因为自身以前遭受过日本侵略，在 1990 年科威特被占领后中国反对侵略、尊重科威特领土和主权的公正主张，帮助科威特政府和人民最终夺回家园。科威特绝不会忘记中国在这一事件上的坚决立场和给予科威特的援助。

在南京大屠杀纪念馆，我曾看见有年轻母亲领着约四五岁大的女儿，孩子在旁边读着历史资料。这一场面深深地触动了我，我听着小女孩朗读的声音，眼泪止不住地流。为了让世人了解过去、放眼未来，纪念南京大屠杀是十分有必要的。我们常说，"铭记过去，不忘历史"和唤醒痛苦记忆并不意味着仇恨，而是为了让历史成为科学、正确的史实，让我们展望未来。

我们永远不会忘记民族的遭遇，更不能忘记祖先们为了今天的和平付出的巨大牺牲。通过南京大屠杀，中国向世人表明她希望成为一个和平国家，希望"南京大屠杀"的悲剧不在任何地方重演。

让我们的生活永远和平、幸福、快乐，远离苦难、厄运，让无辜的人们可以不必担惊受怕地入睡，孩子们可以无忧无虑地享受童年……

合作篇

春生夏长，秋收冬藏，有耕耘必有收获

——携手共创科中关系更加美好的未来

赛米赫·哈亚特 （科威特驻华大使）

当前，科中关系正朝着更广阔的前景发展，各领域的战略合作不断加强，服务于两国政府和人民的利益，这符合两国领导人加强双边历史关系的殷切期望。在双方领导人的关怀下，两国在加强友好关系和共同合作上迈出了坚实步伐，科威特埃米尔萨巴赫将科威特打造成金融贸易中心的愿望即将实现。

科中关系在各领域都实现了快速发展，特别是前埃米尔谢赫贾比尔·艾哈迈德·萨巴赫1965年2月13日成功访问中国之后——当时，他作为贸易与工业大臣，与中国总理周恩来举行了富有成效的会谈。同年6月，中国国际贸易促进委员会主席南汉宸访问科威特，为科中两国正式建交铺平了道路。1971年3月22日，科威特成为第一个与中华人民共和国建立全面外交关系的海湾阿拉伯国家。

科威特与中国加强在贸易、投资、金融、基础设施建设、共同实施国家大型项目等领域的合作得到了两国高层领导的重视，双方一致赞同将科威特埃米尔提出的"2035新科威特战略愿景"和中国的"一带一路"倡议对接。科威特参与振兴计划反映了埃米尔萨巴赫将科威特打造成地区和国际金融、贸易与文化中心的崇高愿望。

2017 年 9 月 30 日，在庆祝中华人民共和国成立 68 周年招待会上，中国国务院总理李克强与哈亚特大使握手。

　　丝绸之路振兴计划有利于重新提升科威特在地区的经贸地位。科威特将通过在阿拉伯湾（波斯湾）北部建立国际港口而参与到计划中来，这也有助于陆上丝绸之路沿线国家的交流与振兴，将科威特打造成为中国、中亚国家货物运送至欧洲、非洲之角国家的重要枢纽。科威特"2035愿景"和中国的"一带一路"倡议从整体框架和实质上都相互契合，有助于世界经济的繁荣。中国与科威特已就科威特五岛开发展开全面合作，这从经济上对于科威特和整个地区都有着巨大的可行性。2013 年"一带一路"倡议正式提出后，科威特成为第一个与中国签署相关合作谅解

2017 年 2 月 24 日，中联部副部长
李军会见哈亚特大使。

备忘录的阿拉伯国家，科方一直支持"一带一路"倡议中将科威特打造
为重要商业中心，建设成为自中国途经中亚、延伸至耶路撒冷的铁路网
枢纽的战略设想。

　　科威特高度重视"一带一路"倡议，同时加强了对基础建设、有利
于加强中国经济影响力以及将为我们这一重要地区带来巨大效益的大型
工程的投资。我们坚信，这一振兴古代丝绸之路的合作一定能取得成功，
它将拥有不同宗教、文化的社会连接在一起，在贸易和投资交流体系内
面向所有领域开放。同样值得指出的是，我们正在高水平指导下严谨务
实地努力，以巩固和调整科威特与中国的良好关系，并将其作为加强经
济、投资、贸易、政治、文化、学术、安全及战略合作的扎实基础。

科威特是第一个向中国提供优惠贷款的阿拉伯国家。截至 2018 年 1 月底，科威特阿拉伯经济发展基金会向中国提供的优惠贷款额超过 10 亿美元，这些资金投向了包括基建、教育、健康、农业、环境保护等领域的 44 个中大型项目，为中国中西部地区的经济社会发展作出了重大贡献。科威特也对中国国家主席习近平提出的建设"丝绸之路经济带"及"21 世纪海上丝绸之路"的倡议十分重视，认为它将带来新的发展机遇，惠及两国和两国人民。科威特不但是第一个与中国签署共建"一带一路"合作文件的海湾国家，也是中国倡议筹建的亚洲基础设施投资银行的创始成员国之一。

过去几年，两国在政治、经济、文化、学术、贸易、投资等领域的关系不断提升，合作领域日益多元化，前景广阔。科威特希望增加两国的投资贸易机会。中国拥有的潜力和巨大经济实力是吸引资金、项目、潜在投资，复兴古丝绸之路相关的科威特发展项目，建立以丝绸城项目和科威特五岛发展为代表的战略项目的重要因素。数据显示，2016—2017 年，中国是科威特的最大贸易伙伴。

近年来，两国高水平互访成效显著，两国间的贸易和投资伙伴关系与埃米尔谢赫·萨巴赫·艾哈迈德·贾比尔·萨巴赫的"2035 新科威特战略愿景"完全契合。

前宫廷事务大臣谢赫纳赛尔·萨巴赫·艾哈迈德·贾比尔·萨巴赫于 2017 年 5 月中旬成功访问中国，参加在北京举办的第一届"一带一路"国际合作高峰论坛。会议期间，他还与中国官员会面，讨论与科威特发展计划相关的最新进展、研究、建议，以及通过设立新丝绸城、科威特五岛发展等战略项目振兴古丝绸之路的计划。这一重要访问巩固了两国在不同领域的关系。同年，工商大臣哈立德·纳赛尔·鲁赞携科威特投资代表团访问中国，就两国合作项目有关的落实和建议展开交流，特别是增进两国贸易往来的法律措施，以使科威特的经济环境更利于吸引外国投资。

实施双方讨论的项目有助于科威特经济多元化、增加在科的中国投资，这也是中国国务院副总理张高丽 2017 年 8 月最后一个星期访问科威特时讨论的最重要的议题之一。这次访问增强了两国的友好关系，有力推动了下一阶段特别是在 50 个科中合作协议和谅解备忘录生效后的两国关系。访科期间，张高丽副总理还与埃米尔谢赫·萨巴赫·艾哈迈德·贾比尔·萨巴赫阁下和其他高官进行了会晤。

在私营领域，2017 年 3 月，科威特国民银行中国新分行开业，我作为科威特驻华大使，与科威特国民银行集团 CEO 欧萨姆·贾西姆·萨格尔、集团执行副总裁谢赫·哈立德·巴哈尔、国外分行及子公司集团总经理乔治·里沙尼等以及中国贸易投资界高管共同出席典礼。

2005 年，科威特国民银行在上海设立代表处，起初授权业务仅限于客户转账、信息收集和市场调查等非经营活动。随后，国民银行决定扩大在中国的业务，代表处升级为中国境内第一家海湾合作委员会国家级别的综合性分行，为拓展中国与中东地区和北非的关系，加强中东国家在中国、中国在中东国家的投资合作提供了机遇。

设在中国境内的科威特政府派出机构和私营机构巩固了科威特和中国的关系，两国经济关系的加强也为科威特经济发展提供了切实推动力。

目前，科威特正与中方讨论在上海开设第二家投资总局办事处，以及近期在中国的商业中心——上海开设科威特总领事馆事宜。科威特投资总局在华贸易活动的核心是增加对中国的原油出口。

国民银行的举措是科威特对中国在世界经济中扮演的重要角色以及中国与阿拉伯国家贸易往来规模的回应：2017 年中阿贸易额达 2700 亿美元，而其中与海湾阿拉伯国家的贸易额就高达 1710 亿美元。

科威特国民银行的分支机构网络跨越四大洲，国际业务遍及全球许

2018 年 7 月 9 日，中国国家主席习近平在北京人民大会堂同科威特埃米尔萨巴赫举行会谈。会谈后，两国元首见证了多项双边合作文件的签署。（供图：中新社）

多主要的金融中心，如纽约、伦敦、新加坡和上海。同样，国民银行也在沙特、阿联酋、巴林、伊拉克、黎巴嫩、约旦、土耳其等国拥有广阔的地区分支。

信用等级方面，在强劲的资本、审慎的信贷政策、结构化资产管理方法、谨慎的风险管理政策等的支持下，科威特国民银行被穆迪、惠誉和标准普尔三大信用评级机构评为中东地区的最高信用等级。此外，国民银行连续 11 次跻身全球 50 家最安全银行之列，并于 2016 年被 The Banker、Euromoney 和 Global Finance 授予"科威特最佳银行奖"。

我经常在各种场合对中国领导人、政府和人民对埃米尔谢赫·萨巴赫·艾哈迈德·贾比尔·萨巴赫阁下"2035 新科威特战略愿景"的支持表示赞赏，这一愿景与中国的"一带一路"倡议相互联系、彼此共通，有助于两国在石油、可再生能源和基础设施等领域建立有效的投资伙伴关系。我多次呼吁中国专门从事建筑和基础设施建设的国有、私人大企业抓住机会，参与到科威特的基础设施和其他发展项目中去。

当前，科威特正在寻求多元化的直接投资，对于中方来说，不管是公共部门还是私营部门，这都是一个很好的机会。

担任驻华大使后，我在中国各省市进行了一系列访问，与多位省长和高级官员就一系列共同关心的地区与国际问题和加强合作与协调的手段进行了正式会谈，为科中两国在各领域的建设性沟通搭建桥梁，拓宽贸易、投资、文化和旅游合作，建立有效的投资伙伴关系，特别是在石油、可再生能源和基础设施领域。

2016 年，中国与科威特阿拉伯经济发展基金会签署了金额为 900 万科威特第纳尔的贷款协议（约等于 3060 万美元），用于宁夏吴忠市人民医院（二期）项目投资。该项目旨在满足吴忠市及周边城市居民日益增长的基础和专业医疗服务需求，支持宁夏回族自治区的社会发展。这是该基金会向中国提供的第 38 笔贷款。

2017 年 7 月，由中国战略专家组成的高级代表团访问科威特，与科威特政府多位大臣、高级官员讨论了巩固各领域合作的问题。中国高级代表团的访问进一步充实了前宫廷事务大臣谢赫纳赛尔·萨巴赫·艾哈迈德·萨巴赫访华的成果，表明中国政府高度重视并切实支持科威特有关发展经济的国家战略，愿意与科威特一道贯彻可持续发展的基本战略，确保埃米尔崇高愿景的实现。

2017 年，两个友好的国家高层领导见证了双边关系的巨大飞跃，两国贸易额约 120 亿美元，这在科中关系史上是前所未有的。2018 年两国贸易规模将达到更高水平。

中科共建"一带一路"开创合作新前景

王　镝（中国前驻科威特大使）

　　中科关系传统友好，科威特是最早同中国建交的海湾阿拉伯国家，两国友好关系一直走在中国同地区国家交往的前列。近年来，中科政治互信持续巩固，务实合作不断拓展，人文交流方兴未艾，特别是两国在经贸、能源、通讯、基础设施、金融等领域的合作呈现良好发展势头。中国是科威特非油类最大贸易伙伴，2016 年两国贸易额约 95 亿美元，科威特出口中国原油达 1634 万吨，双方已成为相互信赖的好朋友和互利共赢的好伙伴。

　　自习近平主席提出共建"一带一路"倡议以来，中科合作迎来新机遇。科威特高度评价并积极响应"一带一路"倡议，是最早同中国签署"一带一路"合作文件的国家。特别是科威特埃米尔（国家元首）萨巴赫提出"将科威特打造成世界金融贸易中心"的国家愿景，与"一带一路"倡议契合。中方高度重视在共建"一带一路"框架下参与科"五岛综合开发"和"丝绸城"等大项目建设，双方就此保持密切沟通。科方也十分期待中方结合自身产业实力和特区建设经验，为科威特经济社会发展贡献中国力量。在当前中科两国改革发展进入全面深入推进阶段的背景下，如何更好实现两国发展战略对接，推动共建"一带一路"早日收获实实在在的成果，是两国面临的共同课题。

　　不久前，中国驻科威特使馆和科威特大学合作举办"中科共建'一

2016 年 3 月 17 日，王镝大使和科威特前驻华大使盖斯（左 1）等共同出席中国驻科威特使馆举办的"中科共建'一带一路'"研讨会。

带一路'"研讨会，邀请中国前中东问题特使吴思科及来自中国国家发展与改革委员会、中国综合开发研究院和中国高校的经济专家、中东事务学者，以及在科中资公司代表，与科威特知名政治、经济、法律界专家围绕中科共建"一带一路"议题进行深入讨论。中方专家全面介绍了中国"一带一路"倡议、中国特区建设经验，回顾了中科关系并就未来发展建言献策。科方高度认同"一带一路"促进沿线各国共同发展的光明前景，认为各国都应积极参与共建"一带一路"，从"一带一路"建设中分享机遇，实现共同发展，表示愿同中方加强治国理政交流，借鉴中方建设经验，助力国家发展。

2017 年 5 月在北京召开的"一带一路"国际合作高峰论坛是"一带一路"倡议提出以来最高规格的论坛活动，是中国外交的一件大事，也是中国切实推进与"一带一路"沿线各国合作的一次盛举。科方对此高度重视，宫廷事务大臣纳赛尔亲王、工商大臣鲁赞等代表科方出席论坛高级别会议，与中国和世界各国共商合作、共谋发展。

我们坚信，在双方共同努力下，中科共建"一带一路"将不断结出硕果，服务两国经济社会发展，推动中科友好合作关系不断迈上新台阶。

科中领导层共识开辟两国合作新前景

马利克·瓦赞（科威特前驻广州总领事）

科中关系自 47 年前两国建交以来已取得重大发展。科威特认识到中国在维护世界和平与稳定中发挥的重要作用，并成为与中国建立外交关系的第一个海湾国家。实际上，科中交往在正式建交前就已起步，已故埃米尔谢赫贾比尔·艾哈迈德·贾比尔·萨巴赫在 1965 年 2 月担任财政、工业和贸易部长期间就曾访问中国，并与当时的中国国家主席刘少奇和其他官员会面。

自两国 1971 年建交以来，科威特政府就坚定支持"一个中国"政策；中国也支持科威特维护主权和独立。1990 年科威特遭受伊拉克入侵后，中国坚定地站在科威特一边。

科中两国关系建立在互相尊重主权和领土完整、平等、和平共处、不干涉内政、互利互惠等原则、国际高标准和规范的基础上。1972 年 6 月，科威特驻华大使馆开馆；1999 年 9 月，驻香港总领事馆开馆；2008 年 2 月，驻广州总领事馆开馆；驻上海总领事馆也将于最近开馆。

两国政治合作随着科威特埃米尔谢赫·萨巴赫·艾哈迈德·贾比尔·萨巴赫 2009 年 5 月访问中国而不断强化。此访期间，他与时任中国国家主席胡锦涛和国务院总理温家宝举行了会晤，双方就加强双边关系达成共识，期间还签署了石油、基础设施建设、体育、教育合作、科威特阿拉伯经济发展基金会提供贷款等五项协议。

2014 年 6 月 3 日，中国国务院总理李克强与科威特首相贾比尔在北京人民大会堂共同见证双边经贸、金融、能源、航空等领域合作文件的签署。（供图：中新社）

之后，科威特首相贾比尔·穆巴拉克·哈马德·萨巴赫于 2014 年 6 月成功访华，两国签署了 10 项合作协议。自建交以来，双方一直保持高层互访，并互派高级代表团。2017 年 5 月中旬应中国外交部长王毅和国家发改委主任徐绍史邀请，科威特埃米尔宫廷事务大臣兼最高规划和发展委员会成员谢赫纳赛尔·萨巴赫·艾哈迈德·萨巴赫参加了在中国北京举行的"一带一路"国际合作高峰论坛。这次访问贯彻了科威特与中国 2014 年 6 月签订的谅解备忘录。

值得一提的是，中国国家主席习近平 2013 年提出的建设"丝绸之路经济带"和"21 世纪海上丝绸之路"的倡议与科威特埃米尔谢赫·萨巴赫·艾哈迈德·贾比尔·萨巴赫将科威特建设成为全球金融和贸易中心的愿望不谋而合。因此，科威特率先成为亚洲基础设施投资银行的创始成员国之一。

马利克·瓦赞总领事与广州市市长温国辉合影

近半个世纪以来，中国成为世界上最大的经济体之一、最大的贸易国和近 130 个国家的最大贸易伙伴。2016 年中国经济保持了 6.7% 的增长速度。科中双边合作的范例之一就是 2012 年 4 月时任科威特省省长谢赫阿里·贾比尔·艾哈迈德·萨巴赫与广州市市长陈建华先生签署协议，使科威特省与广州市结为友好城市。此外，科中共同炼油项目也是两国政府 2004 年签订的石油领域合作协议框架下的重要工程之一。

2014 年 9 月，中国工商银行分行在科威特开业，这是科威特政府批准设立的境内第一家中国银行分支机构，也是在科威特中央银行登记的第 11 家外国银行分行，它成为双方贸易往来的桥梁。2017 年 3 月，科威特国民银行上海分行开业，成为海湾国家在中国开设的第一家银行分行，有力地加强了两国经济关系，切实推动了科威特经济发展。此外，科威特还在中国首都北京开设了投资总局和科威特石油公司两大办事处。

2015年1月6日，科威特港务集团和广州港务局签署合作谅解备忘录。

2017年6月，科中投资贸易研讨会在科威特召开。为了加强两国合作交流，广州市贸促会与科威特工商会签署了一系列协议。

中国企业自上世纪90年代就开始在科威特承包工程项目，至今已成功承建了艾哈迈迪炼油厂维护项目、集油站项目、布比延跨海大桥项目、科威特中央银行新总部大楼项目、贾比尔·艾哈迈德住宅城项目。2014年年中，由中国建筑股份有限公司建造的科威特中央银行新大楼的形象出现在科威特5第纳尔面值的纸币上。该工程还赢得了CPI传媒集团颁发的"建筑与可持续发展2015年度项目奖"。

据统计，中国企业在科威特承建的项目数量达69个，涵盖油田服务、勘探、炼油、住宅建设、基础设施、通信等领域，驻科威特的中国企业新签合同金额为40.8亿美元，增长率达102.4%。

截至2016年第一季度，作为一家合法的外国机构投资者，科威特持有的中国股市流通市值达15亿美元，并持有10亿美元的中国债券市场市值。之后，科威特还投资了中国市场的银行股，如中国工商银行、中国农业银行、中国国际信托投资公司等。

截至2015年10月底，科威特阿拉伯经济发展基金会向中国提供了价值约10亿美元的优惠贷款，涉及39个中国的发展项目。科威特是第一个、也是向中国提供最多优惠贷款的阿拉伯国家。科威特主权基金2005年开始在中国投资，在华金融投资额超过100亿美元。

科威特是中国的第六大阿拉伯贸易伙伴。2016年两国贸易额约

2016 年 2 月 5 日,广东省外事办举行仪式,接受马利克·瓦赞总领事赠送给广东外事博物馆的礼物——一艘商务旅行船模型。图为马利克·瓦赞总领事与广东省外事办公室主任傅朗合影留念。

94.74 亿美元,中国向科威特进口 63.58 亿美元、出口 31.16 亿美元,从科威特进口石油总额达 48.23 亿美元。科威特成为中国的第八大石油供应国,出口量达 1634 万吨。除了石油,科威特还向中国出口石化产品和矿产品;而科威特从中国进口的主要商品是机械、电气设备、纺织品和服装。

在两国加强双边关系和巩固合作的框架下,2017 年 2 月,中国海军三艘军舰抵达科威特舒瓦赫港,参加科威特国庆庆典。

文化交流方面,科威特艺术家、画家、博物馆专家团曾访问中国,参加了一系列国际文化交流活动;2011 年 4 月科中建交 40 周年之际,中国艺术家秦百兰女士(2005 年度中国十大艺术名人之一)在科威特举办了一场展览,展出了她的中国传统绘画作品。

同样在科中建交 40 周年之际，中国残疾人艺术团在德斯玛剧院进行了精彩的演出。另外，2017 年 2 月，中国内蒙古艺术团在阿卜杜勒·侯赛因·阿卜杜·利达剧院举办了歌舞晚会，以庆祝科威特国庆日和中国新年。

2016 年 2 月 5 日，广东省外事办举行正式仪式，接受我作为科威特驻广州总领事赠送给广东外事博物馆的礼物——一艘商务旅行船模型。这是该博物馆收到的最大礼物，是两国自古以来友谊和贸易关系的象征。

基于 2013 年颁布的第 116 号外国投资法令，科威特成为海湾地区最佳投资目的地，这里吸引外国投资最突出的特色就是外国投资者无须任何科威特合作伙伴，就可以建立一家完全控股的科威特本地公司。在这一框架下，早在 18 年前就开始在科威特拓展业务的华为公司，于 2015 年取得了科威特直接投资促进局颁发的投资许可证，成为第一家 100% 中国投资的科威特有限责任公司，投资额达 3.53 亿科威特第纳尔，积极推动了科威特电信技术、基础设施和信息技术领域的发展。

科威特是华为公司在中东的主要市场之一。华为的设备销量目前在科威特位居第三，市场份额约占 15%。2016 年 6 月，华为在科威特开设了一家综合售后服务中心；2017 年又在哈姆拉商业大厦开设了高级培训中心，其水平在科威特首屈一指。该中心旨在开展本地研究、培训当地员工，并鼓励通讯和信息技术创新。

中科经贸互利合作前景广阔

程永如（中国驻科威特使馆经商参赞）

程永如参赞

科威特地处阿拉伯半岛东北部、波斯湾西北岸，与沙特、伊拉克接壤，同伊朗隔海相望，国土面积 17818 平方公里。科石油和天然气储量丰富，现已探明的石油和天然气储量分别为 1040 亿桶和 1.78 万亿立方米，分别占全球储量的 10% 和 1.1%。油气产业是科国民经济的支柱，根据石油输出国组织（OPEC）2016 年的统计数据，油气产业产值约占科国内生产总值的 60% 和出口总额的 95%。

中科两国传统友好，科威特是最早同中国建交的海湾阿拉伯国家和最早与中国签署共建"一带一路"合作文件的国家，也是中国发起成立的亚洲基础设施投资银行的创始成员国。建交 47 年来，两国经贸关系稳步发展，务实合作不断深化。

工程承包重要市场，中国企业成果丰硕

截至 2017 年第一季度末，中国企业在科威特执行各类工程承包项目 64 个，涉及油田服务、勘探、炼化、住房、基础设施、电信等领域，合同总额 136.97 亿美元，同比增长 24.77%，其中一季度新签合同额 18.97 亿美元，比上年同期翻一番。中国公司的实力和工程质量也得到当地有关部门的高度认可。

目前，中国在科主要项目包括油田钻修井项目、祖尔新炼厂项目、科威特萨巴赫·萨利姆大学城项目、科威特医保医院项目、科威特国际机场跑道项目和南穆特拉住房基础设施项目等。其中，由中建中东公司承建的科威特中央银行新总部大楼项目先后荣获"2015 年中东海湾地区年度项目奖""2016 年度房建项目科威特国最杰出贡献奖"等多个奖项，项目图案也被印制在面值为 5 科威特第纳尔的第六版新纸币上；中石化国际石油工程公司深耕科威特市场，在科钻机总数达到 53 台，已经成为科威特最大的钻井承包商；葛洲坝公司 2017 年一举中标科威特住房福利署迄今为止合同金额最大的市政工程项目——南穆特拉新城基础设施建设项目。

原油价格低位运行，双边贸易面临重构

据中国海关统计，2016 年，受石油价格下跌因素影响，中科双边贸易额为 94.74 亿美元，同比下降 15.82%，但中国继续保持科威特第一大贸易伙伴地位。同期，中国自科威特进口原油 48.23 亿美元，科威特为中国第八大原油进口来源国。两国双边贸易基础良好，未来仍将稳步发展。

从贸易结构看，目前中国自科威特进口以原油与石化产品为主，向科威特出口以机电产品为主，但伴随低油价带来的政府补贴逐步取消、

增值税引入等因素，当地居民收入和消费结构也将发生变化，未来双边贸易可能会发生结构性重组。

传统领域深化合作，新兴领域不断拓展

中科两国在深化双边贸易、工程承包等传统领域合作的同时，也在积极探索和拓展新的合作领域。

在金融合作方面，中国工商银行科威特分行于 2014 年 9 月正式开业，结束了科威特没有中资银行的历史；科威特国民银行股份有限公司上海分行也于 2017 年 3 月 22 日正式开业。作为最早向中国提供政府优惠贷款的阿拉伯国家，截至 2017 年 4 月，科威特通过阿拉伯经济发展基金会共向中国提供 9.5 亿美元优惠贷款，用于基础设施、教育、卫生、农业和环保等领域的 37 个大中型建设项目，有力支持了中国中西部地区经济和社会发展。

在双向投资方面，华为技术公司于 2015 年在当地注册设立全资子公司，成为科威特《促进直接投资法》实施以来第一家在科威特获得当地营业执照的中国电信公司和第二家获得科威特当地营业执照的国际公司；计划总投资 590 亿元人民币的中科合资广东炼化一体化项目主体工程也于 2016 年 12 月 20 日在广东湛江正式开工建设。

在技术创新和人才合作方面，华为科威特公司创新与培训中心于 2017 年 3 月 5 日正式揭牌，该中心将用于演示及测试"智慧城市"等项目解决方案、提升科威特 ICT 技术（信息通信技术）并为当地青年提供培训和实践机会。揭牌仪式上，华为公司还与科威特通信和信息技术监管局（CITRA）签署谅解备忘录，双方将通过知识共享、技术支持及咨询等方式促进 ICT 领域的合作，以实现"智慧科威特"的目标。

2014 年 6 月 29 日，科威特中央银行发布第六版新纸币。由中国建筑工程总公司承建的科威特中央银行新总部大楼被印在新版 5 科威特第纳尔面值的纸币上。

互利共赢方兴未艾，务实合作前景广阔

2017 年 4 月 6 日至 7 日，中科经贸联委会第 5 次会议在北京成功召开。会上，科方代表、财政部次大臣哈马德与中方代表、商务部副部长钱克明签署会议纪要，双方一致同意进一步发展两国关系、扩展合作领域，并就加强经济金融、贸易、投资、发展、规划、油气能源、公共工程及私营行业等领域的合作作出了安排。

同年 5 月，科方还派出宫廷事务大臣等高级政府官员参加在北京举行的"一带一路"国际合作高峰论坛，进一步凝聚共识，推进合作，谋求共赢发展。

尽管油价处于低位，但科威特财政状况在海合会六国中仍相对较好。多年积累的国内外雄厚财力、政府官员的国际化、相对开放的社会环境等，都是其发展的优势。科威特当前正积极应对挑战，推动经济转型，科威特市场具有较大的空间和潜力。随着两国经贸往来不断加深、经贸关系不断密切、合作空间不断扩展，中科经贸合作必将在"一带一路"框架下再谱新篇！

中国龙和丝绸之路

穆罕默德·嵒利希德（科威特全球石油中心集团总裁兼 CEO）

中国龙，是故事也是传说，它跟我之间的故事开始于上世纪 60 年代末。当时，一块上面有龙的图案的布引起了我的注意，我凝视着，想象这个我未曾听闻的中国动物真实的样子。

我已故的父亲阿卜杜勒·沃哈布生前经商，上世纪 60 年代末时拥有一家面积很大、商品丰富的门店，售卖布匹、男女服装、箱包、皮带、鞋子和配饰。父亲 1923 年出生在卡巴莱地区。我爷爷也是远近闻名的商人，家里有个大院子，就像所有科威特老百姓一样，在石油被发现之前，节假日里全家老小都聚在一起享受所谓的"阿巴斯悠闲"。

中国龙吸引了当时尚年幼的我。60 年代中期，科威特从黎巴嫩进口丝绸，这种新面料非常具有竞争力，在科威特大受欢迎。那些年，父亲从黎巴嫩大量进口丝绸。科威特贸易非常繁荣，被认为是当时阿拉伯湾的门户。

对于中国人来说，龙是吉祥的象征，它强壮、庞大、灵活，能够飞行，危急时刻能盘旋、喷火。直至今日，这一象征仍然体现在中国人的生活中。按照中国传统历法，有一个属相就是龙，龙年意味着繁荣发展，出生在龙年的人身体健康、生活富裕，拥有权力和影响。今天的中国龙在丝绸之路上证明了它的价值和能力。丝绸之路沿线散布着山峰、河谷、平原、河流和海洋，每个国家都流传着它的故事，讲述它如何直面挑战、跨越障碍、攻坚克难。丝绸之路是重要的大动脉，将古老的世界联结起来，从中国到君士坦丁堡，古丝绸之路是几百年前跨越国境和大洲贸易的重要途径。由于客观条件、各种事件和战争，经济发展必然会时快时慢，这对世界各大经济体来说都是再正常不过的。70年代后期起，中国龙引领了一系列战略性改革，改变了经济结构，即如何向全球开放、销售中国产品，如何在开拓市场的价值、质量和速度的基础上实施新政策。全世界都见证了这些政策的影响，世界上没有哪个家庭不使用中国制造的产品。过去30年里，中国是世界上经济发展最快的国家、最大的货物出口国。作为一个生产国和出口国，她显示出了经济能力和主导力，但挑战仍然存在。困难不在于如何达到顶点，而是如何保持在顶点，在不断的挑战前保持你的表现和能力。

中国龙仍然凭借高度的灵活性，在高空中攀升，在美的顶峰之间吐出火焰，有些国际政治行为试图遏制这条龙，限制它在全球市场与货物上的控制和支配地位。中国公司发展迅速，业务不断多元化，能力持续提升，进入了石油、天然气、承包、银行、投资、工程、机械工程等所有行业，在控制市场商品后，中国龙拥有了全球竞争力。

从全球来看，阿拉伯湾地区是一个重要地区，它蕴藏着丰富的石油和天然气，是世界能源的重要产地。科威特有着丰富的这类资源，正是中国所需的。中国人通过丝绸之路进入科威特，在上世纪60年代带着中国龙这一鲜明的符号。我见证了丝绸如何打开两国关系的大门，1971年，科威特与中国建立外交关系，成为第一个与中国建交并巩固关系的海湾国家。两国关系不断发展，合作领域不断拓宽，双方更加期待共同参与全球建设，而中国作为全球市场引领者、推动者、协调者和开拓者，拥有领先地位和主导权。

中国的中东政策

1. 中东问题

解决分歧的关键在于加强对话，暴力手段不能解决问题。尽管对话道路漫长，甚至可能倒退，但它负面影响更小、效果更持久。冲突各方应发起对话，找到最大共同点，努力推动政治解决。国际社会应该尊重利益攸关方、邻国、区域组织的意愿和作用，不施加外部影响，而采取最大克制，拓宽对话范围。

破解难题的关键在于加快发展。目前所有导致中东动荡和局势紧张的原因基本上都与发展有关，最终只有通过发展才能得到缓和。

2. 巴勒斯坦问题

中国坚决支持中东和平进程，支持按照 1967 年分界线建立以东耶路撒冷为首都、拥有完整自主权的巴勒斯坦国。巴勒斯坦问题是中东和平的根本问题。中方呼吁国际社会采取更强有力的措施，推动政治和平谈判、支持经济重建，让巴勒斯坦人民早日看到希望的曙光。中方完全理解巴勒斯坦作为国家加入国际社会的合理要求，支持建立中东和平新机制，同样也支持阿拉伯国家联盟和伊斯兰合作组织在这方面付出的努力。为改善巴勒斯坦人民生活，2016 年中国决定向巴方提供价值 5000 万元人民币的援助，并为巴勒斯坦太阳能发电站项目提供支持。

3. 叙利亚问题

叙利亚内战不可再持续下去。冲突中没有赢家，人民是彻底的受害者。解决这一热点问题的首要关键是停火，主要途径是政治对话，同时快速启动人道主义救济，不能延误推迟。在此框架下，中方 2016 年再向叙利亚、约旦、黎巴嫩、利比亚、也门等国人民提供价值 2.3 亿人民币的新一批人道主义援助。

4. 中阿共建"丝绸之路经济带"和"21 世纪海上丝绸之路"

（1）中阿共同建设"一带一路"成果

2014 年 6 月，中国国家主席习近平在于北京召开的中阿合作论坛部长级会议上提出中阿共建"一带一路"的倡议，构建"1+2+3"合作格局，以能源领域为主轴，以基础设施建设、贸易和投资便利化为两翼，以核能、航天卫星、新能源三大高新领域为新的突破口。这一倡议引起了阿拉伯朋友的热烈反响。

迄今为止，双边合作在以下领域取得了早期收获：（1）中国和阿拉伯国家建立战略性政治对话机制；（2）中国与 8 个阿拉伯国家建立战略合作伙伴关系；（3）中国与 6 个阿拉伯国家签署共建"一带一路"协议；（4）7 个阿拉伯国家作为创始成员国加入亚洲基础设施投资银行。

中国成为阿拉伯世界第二大贸易伙伴。中国与阿拉伯国家签署了价值 464 亿美元的新承包合同。中国和海合会建立自贸区的谈判已经重启，并取得了重大进展。阿拉伯国家建立了两个人民币清算中心、两家中阿共同投资基金会、中阿技术转移中心，双方同意建立核能安全利用中心、清洁能源培训中心，在阿拉伯国家应用北斗卫星导航系统。第二届中阿博览会期间，双方签署了价值 1830 亿人民币的一系列项目，博览会成为中阿共建"一带一路"的重要框架。

（2）阿中产能合作

产能合作一直是追求经济多样化的中东国家的主流，可以作为一种全新、经济、绿色的方式，满足人民对工业生产的需求。中国拥有质量优良、价格低廉的设备，且重视技术转移、人才培训，提供强大的资金支持，这将有助于以较低成本在中东建立钢铁、有色金属、建筑材料、玻璃、汽车制造业、发电厂及其他必要产业，从而缩小产业差距并创造新的相对优势。中国卓越的生产能力与中东人力资源的结合，将产生更多更好的工作岗位。

为了加强中东的工业生产，中国将与阿拉伯国家合作，采取措施实现产能领域的赶超，包括向中东提供专项贷款 150 亿美元，用于与地区国家合作的产能和基础建设项目；向中东国家提供价值 100 亿美元的贸易贷款，支持产能合作；提供价值 100 亿美元优惠贷款，增加其优势；分别与阿联酋、卡塔尔建立共同投资基金会，投入总计 200 亿美元，主要用于传统能源和基础设施领域、中东先进制造业投资。

（3）阿中共建"一带一路"的未来计划

阿中双方应该把握未来五年共建"一带一路"的关键阶段，加强合作，应对日益激烈的国际发展竞争。通过加强石油和天然气合作的新模式，挖掘双方合作新潜能。中方重视与阿方加强在所有生产领域和上、中、下游的合作，更新石油长期采购协议，构建能源领域互利互信、可靠持久友好的中阿战略合作关系。贸易投资机制必须加以更新，以开创新的合作领域。中国已进入海外投资的快车道，阿拉伯国家拥有诸多强大的主权基金，这样使得双方能够签署更多有关货币交换、投资、扩大人民币结算规模、加快投资便利化的协议，并且推动双方投资基金与社会资本加入"一带一路"框架下的优先项目。另外，双方还应加强高新技术领域合作，为合作注入新力量，通过利用阿中现有的技术转移与培训中心加速高铁、核能、太空、新能源、基因工程等先进技术应用，提升阿中务实合作价值。

（4）"一带一路"不谋求地区霸权

"一带一路"的目标之一是拉近彼此，让所有国家都能成为互相交流沟通的邻居。中国从地区各国人民基本利益出发，基于实际情况制定中东政策，采取措施。中方致力于为和解斡旋、敦促举行谈判，不设置代理人；不跟任何一方搞所谓的"势力范围"，而是推动形成覆盖全体的"一带一路"朋友圈；不谋求填补"真空"，形成互利共赢的合作伙伴网络。

（5）打击恐怖主义

恐怖主义和极端主义思想的蔓延是对和平与发展的严峻考验。面对打击恐怖主义和极端主义势力的共同任务，国际社会必须形成共识。恐怖主义不分国界，不符合好坏评价标准，不该用"双重标准"来面对它，将它与特定种族或宗教联系只会导致种族或宗教分歧。没有任何政策可以单独解决所有问题，因此有必要采取一切手段从其内外彻底打击恐怖主义。因此，中方将建立中阿改革发展研究中心，举行圆桌对话会议，在中阿合作论坛框架下努力根除极端主义；组织宗教界 100 名杰出人物进行互访；在网络安全领域加强中阿合作，阻止恐怖主义暴力影像制品在网络上传播，参与制定互联网空间打击恐怖主义的国际条约；为执法、培训警察等合作项目提供 3 亿美元资金，帮助区域各国加强维持稳定的能力。

北京和上海——古老与现代的魅力

北京是中国的首都，是中国政治、文化、学术和教育中心，全国交通运输枢纽。北京位于华北平原北部，北、东、西三面环山，东南部为辽阔的平原。北京气候为适宜的大陆性气候，四季分明，春天短，夏季湿润多雨，冬季漫长且寒冷，秋天是最美好的季节。北京城的历史可以追溯到 3000 年前，1000 多年来一直是中国北方重要的城市和商贸中心。自 10 世纪初金朝定都北京起，后来的数个王朝也定都北京，先后建立过六大王朝。中华人民共和国成立后，特别是改革开放政策实施后，北京的面貌发生了很大改变，摩天大楼相继拔地而起。北京已经变成了一个国际化大都市，在保留古老风貌的同时融合了现代化元素，吸引世界各国游客前来观光。近年来，北京每年要接待数百万外国游客。

上海是中国人口最多的城市，是中国工业、贸易、经济和金融中心。上海位于长江三角洲，濒临东海和杭州湾，交通便利，地理位置优越，既是河港又是海港。200 年前，上海只是一个小渔村。1840 年鸦片战争后，上海被迫作为贸易港向获得特权的外国列强开放。一个世纪里，上海在西方被称为"冒险家的天堂"。1921 年，中国共产党在上海成立。自从中华人民共和国成立，特别是上世纪 80 年代改革开放政策逐步实施以来，上海实现了巨大发展，在中国经济中占据了举足轻重的地位。国内外投资者纷纷涌来，使上海成为中国工业和贸易中心。

驻科威特的中国医疗队

根据中国和科威特签订的协议，1976 年中国政府派遣了第一批医疗队前往科威特。目前在科服务的医疗队已是第 11 批，由 7 名医生、7 名护士和 1 名翻译组成，来自中国吉林省。中国医疗队专注于治疗风湿、颈部疼痛、坐骨神经痛、面瘫和肥胖等科威特社会常见病，用针灸、拔罐、按摩、磁疗、牵引法减轻病人痛苦，得到了当地患者的称赞，为加强两国人民友谊作出了贡献。

裁军：中国维护和平的责任

在纪念中国人民抗日战争暨世界反法西斯战争胜利 70 周年庆典上，中国国家主席习近平宣布中国将裁军 30 万。这一声明彰显了中国维护世界和平的坚定决心、与世界各国实现共同发展繁荣的不懈追求、推动军控和裁军的负责任态度，赢得了世界爱好和平的人民一致赞扬。中国这次裁军再次表明，中国一直高举和平、发展、合作旗帜，坚持走和平发展道路，奉行防御性国防政策，始终是世界和平稳定的中坚力量。

裁军是维护和平的重要一步。历史告诫我们，和平需要努力实现和

1991年，本书主编吴富贵（右3）与在科威特医院工作的中国护士合影。

维护。从上世纪80年代起，中国就多次裁军，现役军人仅230万。改革开放以来，中国一直尽最大努力维护世界和平。近年来，中国倡导建立共同、综合、合作、可持续的新安全观，在新形势下面对不同的安全挑战，全面参与军控、裁军、防止核扩散等国际事务，为国际社会提供更多安全领域的服务，为维护世界和平、推动共同发展作出重大贡献，成为负责任大国的典范。事实证明，奉行和平发展道路不仅惠及中国人民，也造福世界各国人民。持久和平是人类数千年的梦想，然而战争就像阴霾一样，一直伴随着人类发展的过程。我们应该反思战争的灾难性后果，绝不允许历史悲剧重演。

科中双边贸易

自 1971 年 3 月 22 日中科建交以来，两国务实合作、经贸关系不断发展。

1. 双边贸易发展

据统计，2015 年中科的贸易额达 112.5 亿美元，比建交之初增长 60 多倍。中国是科威特最大的贸易伙伴，科威特是中国在西亚北非地区的第七大贸易伙伴。2015 年中国从科威特的进口石油达 1440 万吨，创历史新高。科威特是中国的第七大石油来源国，中国从科威特进口的主要商品为石油和石化产品，而中国出口科威特的主要商品是机电产品。

2. 承包领域硕果累累

自上世纪 90 年代起，中国企业就开始在科威特承包一系列大型项目，如艾哈迈迪炼油厂、油库、布比延跨海大桥、科威特中央银行新大楼、奥林匹克大楼、贾比尔·艾哈迈德住宅城等项目，为科威特经济社会发展作出了重要贡献，赢得了科威特社会高度赞誉。由中国建筑工程集团承建的中央银行新大楼被印在面值为 5 第纳尔的科威特纸币上，这一项目也获得了 CPI 传媒集团颁发的 2015 年度建设与可持续发展项目奖。中国石油化工集团成为科威特最大的石油钻井服务供应商。中国华为公司占据了科威特通信市场最大份额，并为科威特社会提供 2000 多个就业岗位。华为公司建立的 e-health 网络使科威特所有医院能在联网条件下交换信息。2015 年 6 月，华为公司在科威特建立分公司，成为获得科威特政府许可的第二家国际公司，为其在当地发展奠定了坚实基础。

现在，中国企业在科威特建设的项目数量达 69 个，覆盖油田服务、勘探、原油提炼、住宅楼、基础设施建设等领域，2015 年合同总额达 105 亿美元，其中新签合同额达 20 亿美元。中国企业承包的主要项目包括钻井和油田维护项目、祖尔炼油厂项目、阿卜杜拉炼油厂燃料清洁项目、科威特国有银行总部大楼项目、萨巴赫·阿斯卡利大学项目、通信服务管理和维护项目等。

3. 投资金融领域的互利共赢

迄今为止，科威特作为合格的境外机构投资者，已获得中国股票市场 15 亿美元的股权、中国债券市场 10 亿美元的股份，成为中国人民币公开市场的最大投资者。科威特还陆续投资了中国工商银行、中国农业银行、中信集团等金融机构的股票，在中国的金融投资总额超过 100 亿美元。科威特是第一个向中国提供政府优惠贷款的阿拉伯国家。截至 2015 年 10 月底，科威特阿拉伯经济发展基金会向中国提供的优惠贷款约为 10 亿美元，涉及基础设施、教育、卫生、农业和环境保护等 39 个大中型项目，为中国中西部地区的经济和社会发展作出了重要贡献。

4. 合作前景

科威特高度赞赏中国提出的共同建设"丝绸之路经济带"和"21 世纪海上丝绸之路"的倡议，是第一个与中国签署共建"一带一路"合作文件的国家。科威特也是中国发起筹建的亚洲基础设施投资银行（AIIB）的创始成员国之一。科威特投资总局和中国中非发展基金签署了非洲投资合作框架协议，为双方在非洲的投资合作奠定了法律基础。未来，中方和科方将在共建一带一路和产能合作框架下，从双方的政治友谊和经济互补出发，努力落实达成的协议，加强在能源、基础设施、贸易、金融、投资和现代技术等领域的合作，加强规划设计，确定主要发展方向，关注优先发展项目，为两国在各个层面的全面广泛合作开创新局面。

随着科技的发展，各国人民联系更加紧密，实现了更快、更强、更有益的沟通。不管各国宗教、种族、语言如何千差万别，生活环境是山川、平原或海洋，人文主义一直庇护着全人类。人力资源是人类最大的财富之一，国家为之自豪，各种关系由此得以发展，人文主义理念得以产生，将古老文明和现代社会用同样的语言和彼此贴近的心灵联结。重大贸易项目成为各方追求的最重要成果，以期通过人文的方式来提高生活水平、保障科技进步，这样的人文方式将实现各国人民期望的目标和愿景。

如今科威特已经提出了旨在调整国民收入来源、实现生产力资源多元化的"2035愿景"，中科两国合作的重要性不断凸显。骆驼是在艰苦中生活的科威特的象征，那种生活需要坚韧来面对种种挑战；中国龙到来了，成为这只骆驼的同伴。虽然与龙相比，骆驼体型略小，但它从外形和品德上象征着奇迹。两者虽然在大小、外形、环境上有所不同，然而面对生活挑战时的力量、隐忍和坚韧则是一致的。

迈着坚定有力的步伐，我们巩固彼此的合作。不管前方有着怎样的挑战，我们有能力应对它。变革即将到来，参与变革是我们的共同目标。

耕耘小社团，胸怀大视野
——记海湾地区第一个华侨民间组织

董泰康（科威特华侨华人协会主席）

自上世纪 80 年代起，科威特已是全球闻名的富足的石油小国。但每年持续四五个月的高温和较大的文化差异，使许多中国同胞难萌长期扎根的想法，造成旅科侨民流动性较大，相互间联络也较少。加之近年中东反恐形势严峻，事无巨细的侨务工作更加错综复杂。

1997 年元月，在时任中国驻科威特大使张志祥、政务参赞周秀华等的支持和推动下，科威特华侨华人协会成立了。20 余年来，我们与时俱进，依靠团队的力量，攻坚克难，竭诚为侨民、华人服务，同时也自觉协助中国驻科威特使馆做一些力所能及的工作。

每年的春节联欢会和庆祝中秋、国庆等大型活动，经常组织的中小型文艺、才艺沙龙，丰富了旅侨、华人们的业余生活。协会还为中国侨民提供大量免费的咨询服务，多次成功协助使馆解决中国劳务人员罢工事件，解决中国侨民与业主的商务纠纷，改善了营商环境。

值得一提的是，近十年来，我们接待了许多来自国内的大中型经贸、教育、文化代表团，如 2006 年接待宁夏经贸文化代表团、"中东文化万里行"（哈尔滨卫视、阳光卫视）摄制组，2008 年接待中国经济代表团和宁夏、青海、甘肃等五省经贸代表团，为中国企业和商品更好介入当地市场做了铺垫。

2014 年 9 月底，美国华侨华人社团和我们科威特华侨华人协会迅

2009 年 10 月 1 日，董泰康夫妇应邀出席中华人民共和国成立 60 周年庆典。

速发起反对香港少数人"占中"的倡议，数日内得到 59 个国家的几百个群众团体联署声明，表达了海外华侨华人坚决支持中国政府"一国两制"国策的心声。

2015 年，在中国驻科威特大使馆文化处的统一安排下，我们在科华侨华人协会与科威特电影协会开创性地联合举办影评式的"电影月"活动，引起科国内媒体的关注和大量报道。

2016 年 3 月，协会再次协助宁夏大型经贸代表团与科金融、经贸、教育界进行项目对接。同年 5 月，协会又率先召开"南海问题座谈会"，显示了中华儿女捍卫祖国领海的坚定决心。2017 年，我们协助中国驻科威特大使馆组织欢迎欢送中国第 24 批护航舰队和军民联欢等大型活动，取得很好的社会效果。

随着海湾国家陆续成立旅侨社团，加强地区侨联互动势在必行。自 2010 年起，我们利用各种机会走访阿联酋、阿曼、卡塔尔、巴林的侨联社，与之建立常态的侨务联系，共同启动地区侨联的基础工作，迄今已举行四次联席会议。我们还与阿联酋、阿曼侨社两次共同组团专访中国大连（2015 年）和江苏（2017 年）进行实地考察、项目洽谈，为"一带一路"倡议的实施注入新动力，强化了社团与海湾地区的民间商业联系，产生良好的社会效应。

20 多年来，我们秉持初心，团结同行，协会从 20 人发展到 360 多人，辐射到 1000 多位在科华侨华人及家属成员，甚至吸收了一些外国朋友加盟。我们通过日常的点点滴滴，实实在在展现着中国人爱好和平的良好形象，诉说着中国和平发展的理念，影响和改变着当地主流社会对中国的看法。我们的存在本身就是最朴素、最鲜活的中国故事。

坚持华文教育是一种担当

语言是社会交流的基本工具，而不同文化则是各国民族的核心价值所在。虽说入乡随俗，但多数侨民更关心孩子们的中文学习，华文教育是民族的真正血脉。2010 年，我们曾试图与科威特大学成人职业学院合作开展华文教育，但因缺乏共同的招生目标及培养方向而没能办起来。2012 年，我们又与 IPC（科当地民营慈善机构）合作，办起了侨民及孩子的中文学习班，但不到一年，由于管理及资金原因也最终解体。

2015 年 10 月科威特华侨华人协会理事会改选之后，我们第三次扬帆启程。其中的酸甜苦辣，作为志愿者的七八名教师职工以及家长们心中有数。缺教材、少资金、无校舍，我们经过了许多坎坷，但守住了信念。在中国驻科威特大使馆文化处鼎力相助下，迄今我们已坚持了两年多，受益的孩子累计超过 100 名。让孩子学中文、了解祖国文化，真是不容易啊！

对此，中国侨网 2016 年 10 月 9 日特作了下列报道：近日科威特旅科华侨华人协会旗下的"科威特中文学校"正式开学，同时举办中国驻科威特使馆向中文学校赠书仪式。

我作为旅科华侨华人协会会长，和提供校舍的科威特"社会团结福利协会"负责人加麦尔先生、志愿提供授课服务的学校老师，以及 50 多位华裔子女和他们的家长出席开学暨赠书仪式。

中国驻科威特大使馆文化处历来支持在科威特开展华文教育。为鼓励科威特华侨华人协会中文学校的成立，使馆文化处帮助联系中国国务院侨办，为学校免费赠送 11 箱共计 734 册基础语文课本，解决了我们在教材上的急需。同时，为了整体提高该校的师资水平，使馆文化处又向国务院侨办推荐学校三名教师参加 2016 年度华文教育研习班。

令人欣慰的是，2017 年初，中国华文教育第一学府暨南大学的高级代表团来科考察，和我们华文学校的老师和职员座谈并观看孩子们的春节联欢会节目预演，肯定了我们在艰难中前行、弘扬中华文化的精神，并授牌"暨南大学中文教育实验学校"以资鼓励。

翁晓津老师富有开创精神，她应用各种教育用具及仪器开发孩子的智力，是华文学校的"开路先锋"，曾被授予优秀教师称号。

张永芳老师自 2016 年初介入才艺教学以来，扎实的专业能力及敬业精神调动了孩子们的积极性。每年的华协春节联欢会、国庆活动，华文学校的节目占 30% 以上，成为我们社团活动的一大特色。张老师本人不仅承担学校的教务工作，还兼做幼儿中文班的教学。

2016 年秋加入的窦婉乐老师更是克服了需要照顾患病的丈夫的种

董泰康带领科威特华侨华人协会成员
举行"善行世界团公益行"活动。

种不便，以其热爱教育、培养新苗的执着调动孩子们学习中文、了解中华文化的积极性，提高了教学效果，获得家长一致好评。

2017年秋天才"入职"的容旭逢、孙晨曦老师，不顾自身工作繁忙，把体能训练、瑜伽、舞蹈、芭蕾一一列入华文学校教程，大大增加了孩子们多元发展的助推力。

他们就是这样在异国他乡传授着汉语知识，弘扬着中华文化。他们把孩子们的学业进步作为最好的报酬，把孩子们的节目演出作为最好的奖状。这是什么？这是奉献精神，是一种人生境界！

"一带一路"新时代，万众奋力国自强

自 2012 年以来，全球经济持续低迷，让以出口为导向的国内民营机械行业雪上加霜。我们一批旅科侨民根据科当地基本设施项目的需求，择机联系一批当地企业获得新的询价单，交付广东、江苏、浙江、山东等地的老朋友，请他们"主动出击"，利用出差、展会之机顺访科威特，获得意外收获。国内企业以合理配置和出价先后争得 40 多台机械装备及十多条生产线的订单，包括食品包装、高频焊接、钢管、电缆桥架及盖板成套等。

2016 年，我们又推荐四川一家石油机械民企与科威特 SOS 石化机械修理厂合作。历经半年的多轮谈判，克服不少认知上的落差，双方签署了优势互补的合作协议。不久前，中方科技人员成功修好两台失修十多年的英国 80 年代造大型液压立式镗床，又把成都企业刚安装的两套新型数控螺纹加工车运到 SOS，大大提升了后者的加工能力。SOS 先后接单科国家石油公司（KOC）的重要部件修理以及中石化下属钻井公司的钻管、套管，这个近 40 年的科威特老企业迎来了"第二春"。

2014 年初，我们协助四川成都宏华油气工程服务公司与科威特能源公司（KEC）进行石油钻井项目合作的洽谈，约花了一年，克服文件制作、技术标准、检验渠道等方面的问题，通过了资审。他们 2015 年 5 月参加国际投标，7 月赢得伊拉克 9 区块三口井的工程项目；2016 年初开钻后，又战胜施工中许多工艺技术方面的困难，提前顺利完成，得到伊拉克国家石油公司（IOC）及科威特石油投资公司的一致好评，赚得 3500 万美元的服务费。2017 年初，他们又新签三口油井的新合同，开始了新的征途。这是中国民营石油企业以先进的装备设备加勤奋智慧的技术队伍而取得的硕果，他们为"一带一路"的"中间走廊"建设添了砖、加了瓦。

董泰康（左1）陪同中航国际驻科机场项目两位经理向中国驻科威特使馆经商参赞程永如（右2）汇报工作。

值得一提的是，2016年2月中旬，科威特华侨华人协会暨商会获悉宁夏回族自治区商务厅陈生荣副厅长将率经贸考察团一行17人于3月初访问科威特后，马上分工准备，几人负责申办签证、酒店车辆预订、联系新闻媒体等，另几位负责访团几天的日程安排，尤其是拜会中国驻科威特大使馆商务处、科威特工商会，以及当地有30多年成功经验的AL-SADA贸易工程公司等企业。AL-SADA公司为宁夏代表团举行欢迎午宴，科威特国会议员、金融界、工商界、教育界及贸易公司代表等到场交流，使宁夏访团获得超预期的多元的相关资料和商业信息。对此，科威特媒体还作了大幅报道，取得很好的传播效果。

尤其在中国前驻科威特大使馆商务处朱炼参赞指导下，我们与科威特工商管理局合作，发挥了积极推动作用。临行那天，陈副厅长还带领宁夏有关业主到靠近伊拉克边境的农场进行参观考察，获得第一手资料。三个月后，科农场主即回访宁夏，为今后实施项目合作献计献策。

2017年9月，科威特华侨华人协会代表回国参加第三届中阿博览会国际产能合作论坛，在认真学习央企和阿拉伯国家经济官员的经验的同时，还荣幸成为演讲嘉宾。几百名与会者现场互动，"充电"共勉。

科威特重大民生工程"科威特国际机场新建15R/33L跑道及升级现有15R/33R跑道建设项目"，曾花费十年的时间论证，议会几经折腾，直至2015年9月才重启资审程序。面对激烈的国际竞争，我们认为中资企业必须扬长避短，改变思维，遂推荐中国航空技术国际控股有限公司（AVIC）作为总包，通过当地与王室关系亲密的咨询公司来组建合资共同体。双方负责人在迪拜面洽后，十个月内便搭起总承包组合的框架，通过了资格预审，与11家国际公司角逐竞标。又经过半年多的共同努力，2017年3月16日，AVIC最终夺标，项目总额4.98亿美元。如今，AVIC已提前完成新跑道设计，获得当局批准，创造了中国公司在科威特特殊领域中一个新的制高点。

2012年，科威特政府正式提出"新丝绸城"（New Silk City）的战略设想，这与习近平主席提出的"一带一路"倡议不谋而合。如今，中国商品进入科威特千家万户，几十家中国建设企业在科威特安营扎寨。事实上，科威特也逐步进入基本建设的第二轮高潮期。2017年，中科两国贸易总额超过127亿美元，创历史新高；中国与科威特新签合同额达30亿美元，超过同期沙特、阿联酋与中国的签约总额。"窥一斑而知全豹"，成功是干出来的。让我们高举"一带一路"建设大旗，继续奋斗，共同谱写中科经济贸易新篇章！

科威特阿拉伯经济发展基金会及其与中国在发展领域的合作

法瓦兹·阿德萨尼
（科威特阿拉伯经济发展基金会东南亚及太平洋区域经理助理）

已故埃米尔谢赫贾比尔·艾哈迈德·贾比尔·萨巴赫殿下奠定了科中友好关系发展的基石。在科威特于 1961 年实现独立后，他作为财政大臣于 1965 年对中华人民共和国进行了正式访问。由此，科中友谊在多个领域得到加强，最突出的就是 1982 年至今中国与科威特阿拉伯经济发展基金会建立了持续的合作。1990 年科威特遭遇野蛮入侵时，中国支持科威特的立场，谴责侵略者，要求尊重科威特的独立和国家主权。

科威特阿拉伯经济发展基金会与中国的持久合作关系，依据受惠国互相尊重优先权的基础和原则，已经发展成为南南合作的典范。基金会与中国各机构合作的项目更是科中友谊的见证。

基金会与中国的首次合作是在加工行业。1982 年 7 月 5 日，双方签订了安徽省宁国水泥厂项目贷款协定。依靠当地丰富的原料和煤炭，水泥厂当时年产 124 万吨水泥，满足了中国经济振兴对水泥不断增长的需求。随后，双方在基础设施领域开展合作，这表明了中国实现经济振兴的决心。1982 年底，双方签署了厦门国际机场项目贷款协定。为了鼓励投资，中国政府将厦门确定为经济特区，于是福建省政府决定在厦门建设新机场，以推动当地工业和旅游业的投资。

1985 年 1 月，双方签署沙溪口水电工程项目贷款协议，开启了能源领域的合作。沙溪口水电工程依靠福建省内丰沛的水资源，在距南平

利用科威特阿拉伯经济发展基金会投资建设的安徽宁国水泥厂

市 14 公里左右的西溪河上游建设大坝和水电站，该工程当时装机容量达 300 兆瓦，是中国克服福建省发电能力不足的重要举措。

上世纪 80 年代，双方进行了持续合作。合作的多个项目中包括辽宁北台钢铁总厂铸铁管项目，该项目以推动中国钢管工业整体发展尤其铸铁管优先发展为目标，因为它直接关系着居民饮用水输送所需。该项目计划年产 10 万吨铸铁管，满足辽宁省乃至全中国输水管道建设的需求。

1985 年，双方还签订了天津市微型汽车厂项目贷款协定。该项目建成后，年生产 2.4 万辆汽车和 1.2 万台发动机，满足了国内对微型汽车的需求，实现了改善主要城市人民生活的愿景。

整个 80 年代，双方签署了 12 份贷款协定，全部服务于中国为了实

厦门高崎国际机场内
的中科友谊纪念碑

现繁荣与进步而制定的发展战略。

进入 90 年代后，科威特经历了被入侵的动荡时期。尽管如此，科中双方仍然签署了成都铝箔厂项目贷款协定，该厂年产约 6000 吨纯铝和铝合金箔纸，用于电子电器工业以及食品药品外包装材料。该协定于 1990 年 12 月 27 日签署，正值科威特遭受入侵，这表明科中双方始终践行着友好关系。

科威特阿拉伯经济发展基金会和中国在发展领域的持续合作收获了丰硕成果。在此基础上，基金会继续与中方合作，为中国政府重视且优先发展的项目提供资金。

双方以安徽省滁州市城市环境综合治理项目为开端，开启了在环境领域的合作。此后，双方于 2009 年 5 月签署了博斯腾湖流域水环境保护和治理项目贷款协议，以实现新疆巴音郭楞蒙古自治州博斯腾湖流域

梧州职业教育中心项目签约仪式。科威特阿拉伯经济发展基金会为该项目提供 3500 万美元贷款。

内经济与社会可持续发展。该项目以博斯腾湖流域、周边地区及邻近的焉耆盆地环境系统的升级和现代化为基础，包括建立现代灌溉系统、农业排水系统，森林开发和湿地保护，将博斯腾湖水量每年增加 30 万立方米，降低湖水的盐碱度和污染浓度，改善土壤性质。

双方合作还包括社会基础设施领域，包括最初 2009 年青海省职业教育发展项目，以提高教育水平为目标、支持广西壮族自治区经济社会发展的梧州职业教育中心项目，以及 2014 年签订贷款协议的河南省漯河医学高等专科学校扩建项目。

基金会对于与中国合作的这些项目感到自豪。35 年间，双方已就 37 个项目展开合作，总金额约 2.8 亿科威特第纳尔（约 9.52 亿美元）。历经世事变迁，双方友谊历久弥坚，发展成为南南合作在发展领域值得效仿的典范，并将在既定基础上持续开展合作。

蕞尔小国与投资大国
——细数科威特在华投资项目

吴富贵 （中国—阿拉伯国际合作中心副主任）

科威特国是地处波斯湾西北角的一个蕞尔小国，领土有限，但经济发达，国家财政实力雄厚，是世界上赫赫有名的对外投资大国。它的投资范围远及全球各大洲，遍及 106 个国家。

在详解科威特在华投资项目之前，请允许我简要介绍一下科威特阿拉伯经济发展基金会。

1961 年 12 月 31 日，科威特国独立不到半年，埃米尔宣布设立阿拉伯经济发展基金会。

阿拉伯经济发展基金会是管理科威特政府贷款的官方机构，代表科威特政府向发展中国家提供优惠贷款和技术援助，资助发展中国家基础设施项目（及部分工业项目）的开发与建设。1982 年，该基金会开始向中国提供政府优惠贷款。36 年来，基金会在华投资项目遍布中国大地，在许多城市留下了良好印记。

科威特是向中国提供政府优惠贷款最多的阿拉伯国家。截至 2015 年 10 月底，阿拉伯经济发展基金会已向中国的 39 项重大工程项目提供了总额为 2.93 亿科威特第纳尔（约合 9.96 亿美元）的优惠贷款，主要涉及经贸、能源、运输、工业、农业、通讯、道路、机场、铁路、医院、教育、社会发展、农业、环境保护等领域，有力支持了中国中西部地区经济和社会发展。

科威特之所以把中国当作理想的投资地，对中国市场投资情有独钟，主要是缘于中国稳定的政治、经济环境以及极具发展潜力的庞大的消费市场。

1982 年，科威特阿拉伯经济发展基金会为中国安徽宁国水泥厂等建设项目提供了第一笔贷款。1985 年，科威特投资总局开始通过 JE 中国投资基金进行间接投资，还以流通股方式通过香港投资机构向中国企业投资。同年，中国、科威特和突尼斯合资在秦皇岛建立中国—阿拉伯化肥有限公司，总投资额为 5800 万美元，科威特、突尼斯、中国各占 30%、30%、40% 的股份。该项目于 1991 年建成投产。这是中国同包括科威特在内的阿拉伯国家进行经济技术合作的第一个大型现代化化工项目，具有政治和经济的双重意义。它以铁的事实向世人证明，中国的对外开放是全方位的、无国别限制的，既面向发达国家，也面向发展中国家。中阿化肥公司被邓小平誉为"南南合作典范"。

进入 20 世纪 90 年代以来，海湾国家纷纷加大对华投资力度。1992 年，中国海洋石油总公司与美国阿科公司和科威特国家石油公司联合开发南海崖城 13-1 气田，由西部公司所属海南中海石油天然气公司经销。该项目是中国改革开放后与外国合作的第一个大型海洋石油天然气项目，每年供给海南省 5 亿立方米天然气。

1998 年，科威特石油机构与中国石油天然气公司达成协议，在中国山东省共同改建一家炼油厂，使该厂的提炼能力由原来的每天 12 万桶提升为 28 万桶。在该项目中，科威特方面负责提供必要的资金和技术支持，并为过滤器装配原油。这是科威特石油机构在中国化工行业的首次投资。

2012 年 2 月 8 日，中国财政部和科威特阿拉伯经济发展基金会在贵阳签署协议，利用科威特政府贷款 2500 万美元建设贵州师范学院图书信息大楼、体育馆等。

　　近年来，科威特还通过阿拉伯经济发展基金会先后参与宁夏回族自治区的引黄灌溉工程和甘肃敦煌机场等项目。2006 年中国银行和中国工商银行首次公开募股，科威特投资总局购入 7.2 亿美元工行股份，成为此次工行上市最大的投资者。2008 年，科威特石油公司参与中石化在广东南部的联合炼厂项目。此外，科威特还积极加强与中国在房地产领域的合作。

　　科威特投资局负责管理科威特庞大的石油资本。自 2000 年以来，其在大中国区（包括香港）投资总额已达 80 亿美元。

　　2011 年 10 月 10 日，科威特国家投资局北京代表处正式挂牌，科财政大臣穆斯塔法·谢马利、投资局执行董事巴德尔·萨阿德等出席了成立仪式。驻北京代表处主任法赫德·谢特称，科威特投资局的战略是长线投资。中国是一个经济稳定、可持续发展的国家，拥有巨大的投资商机。中国的市场环境正好符合科威特的投资战略。

科威特与宁夏回族自治区的合作由来已久。科威特社会慈善协会和爱心人士先后向宁夏捐助2亿多元人民币。早在上世纪80年代，科威特就提供贷款为宁夏红寺堡地区修建饮水工程，解决了当地老百姓饮水难的问题。近年来，科威特先后捐建了银川市穆斯林孤儿院和宁夏穆斯林职业技能培训学校等项目，由科威特阿拉伯发展基金会支持建设的宁夏回族自治区人民医院已经建成投入使用。

2014年7月5日，科威特向宁夏国际语言学校捐赠的804864美元（约合人民币500万元）在京由科威特驻华大使穆罕默德·萨利赫·祖维赫转交给该校校长于志毅。此笔善款将用于在该校建设"科威特大楼"，以支持该校教育事业。

中阿合作之花绽放在渤海湾畔

——记中国—阿拉伯化肥有限公司

张革利（中国—阿拉伯化肥有限公司原总经理）

在太平洋西岸、中国的渤海之滨，坐落着一座历史悠久、风景秀丽的城市——秦皇岛，它是中国唯一一座以皇帝帝号命名的城市，也是当今世界上最大的能源输出港。这座历史与现代完美交融的城市，见证了中国与阿拉伯国家之间的友好合作。上世纪80年代，由中国、科威特、突尼斯三国合资兴建的大型复合肥生产项目——中国—阿拉伯化肥有限公司就诞生在这里。三十载春华秋实，这家"老字号"合资企业以其独具特色的经营风格、质量精优的产品闻名遐迩。

中国—阿拉伯化肥有限公司（Sino-Arab Chemical Fertilizers Co., Ltd., 以下简称SACF）坐落在秦皇岛市的东部工业区，成立于1985年6月，投产于1991年1月，是中国化工建设总公司（CNCCC）、科威特石油化学工业公司（PIC）、突尼斯化工集团（GCT）三家公司投资5800万美元兴建的大型氮、磷、钾（NPK）复合肥生产企业。中、突、科三方投资比例为4:3:3，中方相对控股。该公司是我国"八五"期间（1991—1995年）重点建设项目，也是当时中国与第三世界国家间最大最重要的化工经济合资合作项目，曾被邓小平誉为"南南合作典范"。公司一期装置可年产高浓度复合肥60万吨，2002年1月二期装置建成投产后，复合肥产能增至120万吨／年。

中国—阿拉伯化肥有限公司厂区

　　这家跨越世纪的合资企业，与中国亿万农民兄弟的生产、生活有着千丝万缕的联系，形成了广泛深刻的影响和良好口碑。该企业及其经营的产品，是中国实施改革开放、开展对外交流合作成功实践的重要组成部分，是动议投资方中国、投资方科威特、资源方突尼斯在化工科技领域合作的结晶，同时也是中科突三国友好互利、合作共赢的历史明证。

　　记得上世纪80—90年代，科威特驻华大使馆和突尼斯驻华大使馆的会客厅内，都悬挂着一幅大北照相馆转机拍摄的大幅照片，照片里正是中国—阿拉伯化肥有限公司。这幅照片吸引了各国访客的目光，向他们展示了中国和科威特、突尼斯三国在化工领域的友好合作关系。

　　时至今日，SACF这家有着33年历史的合资企业，以"撒可富"

复合肥享誉国内外。这种化肥给亿万农民带来了福音，为中国国民经济建设及长足发展立下了汗马功劳。

有现代诗人以诗相赠："落红不是无情物，化作春泥更护花。SACF 制造复合肥，农民种地都用它。"

扬名，誉满天下

1997 年，多家中外媒体先后以图文并茂的形式报道中阿化肥公司的成就，生产规模大、占地面积小、员工少、产值高，是这家企业的鲜明特点：每平方米土地产生超过万元的产值，产量一举突破 60 万吨大关，超过 48 万吨的年设计能力，创造出同类装置产能的世界先进水平，销售收入一举突破 10 亿元大关，荣居中国大中型工业企业前 1000 名之列。

当时，我正陪同 CNCCC 代表团在埃及进行工作访问，邀请单位是埃及阿卜·扎巴尔化学化肥公司。会谈中，埃方总经理谢里夫同我谈起 SACF，提出在方便的时候亲自到中国登门求教。我听后甚感欣慰，当即答应了他的要求。

时值阳春三月，春暖花开，埃及客人如约飞抵中国，我随即陪同代表团一行乘车前往 SACF 进行工作访问。

会谈中，SACF 负责人告诉我们，虽说当时独领风骚的 SACF 声名远播海内外，但仅仅在三年前的 1994 年，SACF 还是一家巨额亏损的危困企业。

令人意想不到的是，SACF 以迅雷不及掩耳之势很快完成了逆袭，从 1997 年 4 月开始，其产品已经供不应求。那么，SACF 是如何逆袭成功的呢？受命于危难之际的时任 SACF 总经理武四海揭秘：全靠"高性价比""真正让利给客户"的经营理念，SACF 才在竞争激烈的市场上分得一杯羹。

合资——意义与背景

谈到 SACF 的组建成立、历史沿革和创业故事，追根寻源还得从周总理首访非洲十国和中国改革开放初期国内经济蓬勃复苏、农业快速发展以及不断扩大的化肥市场需求说起。

1963 年 12 月 14 日至 1964 年 2 月 4 日，周恩来总理应阿拉伯联合共和国、阿尔及利亚、摩洛哥、突尼斯、加纳、马里、几内亚、苏丹、埃塞俄比亚、索马里十国国家元首、政府首脑的邀请，率中国政府代表团对这些国家进行了正式友好访问。这是中国国家领导人第一次访问非洲，是当时中国外交的一次战略行动，同时肯定了第三世界国家是中国对外合作的一个重要领域。

随着 1978 年改革开放政策的确立，我国逐渐开始向外国打开了国门。

开放之初，外国政府和投资者对中国可以说是好奇心很重，但又十分不了解，并带有某种恐惧的心理。中国—阿拉伯化肥有限公司诞生于此时，既是中国政府和企业下决心对外开放的证明，也是科威特、突尼斯两个阿拉伯国家的石化企业具有长远战略眼光和胆略的充分体现。此时，也正值中国农业生产对化肥需求量的急速上升期。当时的中国化肥工业同欧美发达国家相比还比较落后，化肥产品主要为单质肥，对农业生产的支撑作用不强。发展现代复合肥、改变化肥比例失调的不利状况，成为中国促进农业发展、粮食增收的必然选择。对此，邓小平在 1983 年就曾指出："肥料，要走复合肥料的道路，质量要好，要把大力发展复合肥料作为方针定下来。"

谈判——合资企业形成

在引进国外技术方面，建立合资企业比较优势明显。业界专家提出的这一建议符合中国国情，且迎合了当时改革开放的潮流，为此，在时任国务院副总理谷牧领导下，由国家建设委员会机械管理局在国家计委立项进行技术引进与合资。

在这个历史重要关口，这一决策考验着中国最高领导层的政治智慧，因为这不仅关系着中国化肥领域的转变，更关乎中国农业未来的发展走向。

而当时的海湾石油王国科威特，凭借其丰富的油气资源，拥有雄厚的资金，已在世界投资市场上大显身手。根据联合国贸易与发展会议发布的世界投资报告，科威特国家虽小，但已成为世界第七大外国投资者，也是中东地区最大的外国投资者。

另一合作伙伴突尼斯，因矿产资源磷酸盐储量丰富，素享"磷酸盐王国"之美称。突尼斯经济以农业为主，农业产值约占国内生产总值的20%，农业人口约占全国总人口的44%；工业主要有矿产开采业、以磷酸盐为原料的化肥工业等，磷酸盐是突尼斯国民经济的重要支柱之一。

值此关键时刻，中国政府放眼未来，就促进三国经济融合发展、实现三方资源优势互补、加快新建中国复合肥工业产业基地等问题，与科、突两国政府进行了深入交流和探讨。最终，三国达成了合作共识，即：有钱的科威特出钱，有磷矿的突尼斯出资源，有市场的中国既出资也出地盘，在中国秦皇岛市投资兴建大型复合肥生产基地。

1983年，中国国家计委、外经贸部、化工部三部委组团出访突尼斯。双方探讨了在华合资兴建复合肥生产企业的可能性。

1984年5月，时任国务院副总理李鹏出访突尼斯。访问期间，突尼斯政府向李鹏表示了在华合资共建复合肥生产企业的强烈愿望。突尼斯磷矿资源丰富，磷灰石约占其矿业产值的一半。突方的资源优势和政府的大力支持，无疑为双方的合作描绘出广阔诱人的前景。这次访问加

1985 年 2 月 25 日，中国国务委员张劲夫（右 1）在北京
会见科威特石油化学工业公司董事长努里（左 2）一行。

速了双方合作的进程。

中、突高层领导对双方合作建厂高度重视，1984 年 10 月 1 日，突
尼斯总理姆扎里应邀访华，期间受到中央军委主席邓小平的接见，宾主
盛赞合资建厂是南南合作典范。10 月 23 日，中国与突尼斯、科威特合
资兴建复合肥厂的协议纪要在北京签署。

1985 年 2 月 25 日，国务委员张劲夫在人民大会堂主持了 SACF 合
营协议书签字仪式。突尼斯磷酸与肥料工业公司（SIAPE）董事长奥
尼、科威特石油化学工业公司（PIC）董事长努里与中国化工建设总公
司（CNCCC）董事长安郁综正式签订了在中国秦皇岛合资建设磷肥厂
的合作协议。6 月 18 日，中国—阿拉伯化肥有限公司在秦皇岛正式登
记注册。

科威特石油化学工业公司董事长努里、突尼斯磷酸与肥料工业公司董事长奥尼与中国化工建设总公司董事长安郁综签订在中国秦皇岛合资建设磷肥厂的合作协议。

6月28日，中阿化肥公司在秦皇岛市工商局正式注册成立，突尼斯人穆格埃斯出任公司第一任总经理。

1988年5月24日，SACF举行了盛大的开工奠基典礼仪式。

1991年1月7日，SACF一期工程经过22个月的紧张建设，按预定计划投产，并实现一次性开车成功。

一个中、科、突三方合资合作创造的"新生命"就此降生，而为产品，起名成了当务之急。对于这个初创的企业来说，产品命名的确非常重要。名称既要体现出合资企业的精神，又要朗朗上口、富含寓意，这样才足以给用户留下深刻印象。

1988 年 5 月 24 日，中国—阿拉伯化肥有限公司奠基仪式在秦皇岛举行。

在命名过程中，三国专家慧心巧思、妙手偶得，取中国—阿拉伯化肥有限公司英文简写"SACF"的中文谐音，提出以"撒可富"三字作为产品名称的建议方案，后经公司审议最终确定。这个读音清脆响亮的汉字组合，一方面表明产品由中国—阿拉伯化肥有限公司生产，明确了品牌的"血缘归属"；另一方面，又有撒入土地即可收获无尽财富的美好寓意，与中国亿万农民施肥耕种、追求幸福生活的淳朴愿望高度契合。

"撒可富"化肥品质精良，品牌名称音义完美融合，一经问世便获得了农民的喜爱，沿用至今，成为中国亿万农民种地致富的好帮手。

承包——产销大功告成

1993 年 1 月，SACF 开始由中方承包经营，期限为 15 年。

同年 8 月 31 日，SACF 向泰国出口第一批 NPK 复合肥 1.1 万吨，

努里一行踏勘中阿公司场地。

实现了中国复合肥出口零的突破，为"撒可富"复合肥进一步走向国际市场奠定了基础。此后几年内，"撒可富"复合肥又先后出口到了韩国、日本、巴基斯坦、朝鲜、印度尼西亚等国，在国际市场上树立了良好的形象。

1994 年开始，SACF 内抓管理，外抓市场：将西方的现代管理经验与国内实际相结合，探索实施了"精神动力＋制度约束＋饱满工作量"的管理模式和精干、低耗、高效的运营机制；同时，逐步将产品纳入自销，开始强化营销网络建设，使公司全面走出低谷，步入了规范化发展轨道。

1994 年 12 月，SACF 与中国东北地区最大的农资经销商中国农业生产资料沈阳公司建立了代理销售关系，设立了第一家"撒可富"经销处，这标志着 SACF 的复合肥产品由国家统购统销开始大批量、全面地转入企业自销。此后，在不足一年的时间里，SACF 又先后在山东、河北、河南等省建立了近 20 家经销处，营销网络遍布北方大部分地区，成为北方知名品牌。

1995 年 5 月，SACF 高层领导在进行广泛市场调研后，作出了全面开发南方市场的重要决策，并与福建省生产资料总公司建立了代理直销关系，设立了南方第一家经销处。此后数年内，产品相继打入华南、西南、西北各省，并建立了庞大的营销网络。

1996 年 8 月 20 日，李鹏总理亲临 SACF 视察指导，对公司工作给予了充分肯定，并做出重要指示："多元素复合肥是方向，要大力发展。"这充分体现了国家领导人对复合肥产业的高度重视。

1997 年 5 月 19 日，国际化肥工业协会（IFA）第 65 届年会在北京中国大饭店召开，来自世界 85 个国家和地区的 2000 多名代表参加了会议。在本次年会上，时任 SACF 总经理武四海先生被推选为 IFA 副主席，负责协调东北亚地区化肥和贸易领域国际活动，这标志着 SACF 受到了国际化肥业界的充分肯定。

1998 年 10 月，SACF 历时六个月完成了 ISO9002 国际质量体系认证，在同行业率先获得"ISO9002 国际标准认证证书"，这标志着"撒可富"质量保证体系与国际标准的全面接轨。

1998 年，SACF 创造了投产以来最佳生产经营业绩，复合肥年产量突破 72 万吨，以超过设计能力 50% 创同类装置世界先进水平。国际化肥工业协会（IFA）、化工部及河北省有关领导发贺电表示祝贺，并予以了充分肯定。

2000 年 8 月，公司二期扩建工程开工。2002 年 1 月建成投产后，"撒可富"牌系列复合肥总生产能力达到 120 万吨。

1989年秋，中国一阿拉伯化肥有限公司在科威特召开董事会。图为参会的中方代表。

三十载合作成果丰硕

2006年10月23日，经国务院国资委批准，中国海洋石油总公司对SACF中方股东中国化工建设总公司进行重组，并将其整体并入中海油总公司。

2007年12月31日，中方承包经营结束，中外双方重新共同管理中阿公司，公司的发展揭开了新的篇章。

2008年1月，中国海洋石油总公司开始对中阿公司履行大股东职责，中阿公司依托海油化肥板块的广阔战略平台阔步前行。

从1991年投产至今，SACF已累计生产"撒可富"牌高浓度系列复合肥70多个品种、近1800万吨，产品行销除西藏以外的全国各个地区，并多次出口到国际市场，为中、科、突三国创造了良好的经济效益和社会效益。SACF始终秉持"富饶中华大地，造福中国农民"的企业宗旨，坚持"千分之一的质量问题，对农民就是百分之百的损失"的质量理念，以优质的产品和服务使"撒可富"成为中国亿万农民最为信赖的复合肥品牌。

岁月流逝，30年过去，SACF随着中国国民经济的飞速发展而发展，今天依然充满着生机和活力。每年从这里产出的80万吨优质复合肥，经大江南北的农民之手撒入土地。一粒粒圆润饱满的化肥颗粒凝聚着中国、科威特、突尼斯三国的合作友谊，与阳光、雨露一起滋养着神州大地，在亿万农民中留下良好口碑。

在共同的事业中，SACF历任CEO和科威特、突尼斯业界专家们结下了深厚的友情。这些专家中的杰出代表在华工作期间，有的被国家外国专家局授予"有突出贡献的外国专家"称号，受到中国领导人的接见；有的被授予秦皇岛市"荣誉市民"。更难能可贵的是，这些科威特、突尼斯友人回国后，仍念念不忘中国情，继续为增进中、科、突三国友谊作出积极努力。30年过去，南南合作之花蓬勃盛开，饱含着他们的辛劳和智慧。

海内存知己，天涯若比邻。中、科、突三国虽远隔千山万水，但互惠互利、合作共赢的理念让彼此凝聚，而SACF从诞生到发展壮大的30年则见证了中、科、突三国友谊的传承与淬炼。如今，中国化肥市场出现新的特点，复合肥厂家已经超过4000家，复合肥品牌也飙升至5500多个，化肥产能严重过剩，行业竞争日趋激烈。作为SACF现任掌门人，我深知任重道远，要在充满挑战的新的发展征程上，带领团队与时俱进，继往开来，带领SACF创造新的辉煌。

人物篇

我所认识的科威特已故埃米尔贾比尔

刘宝莱（中国人民外交学会前副会长，前驻阿联酋、约旦大使）

提起已故的科威特埃米尔贾比尔·艾哈迈德·萨巴赫殿下，人们往往想到他那双智慧的大眼睛和修整得似锚一样的胡须。上世纪 70 年代末至 90 年代初，这位风云人物曾经历了两次战争：一是两伊战争，因科系伊拉克和伊朗的邻国，战争给科带来了不少损失，尤其外贸出口大大下降；二是海湾危机，伊拉克侵占了科威特，他乘直升机飞往沙特塔伊夫市，科遭受了空前的浩劫和灾难。1991 年复国后，他励精图治，纵横捭阖，举措得当，积极医治战争创伤，使科在不长的时间里又旧貌换新颜。

贾比尔是科威特第十任埃米尔艾哈迈德之子，生于 1928 年。科独立后，他历任财政大臣、贸工大臣、首相等职，1966 年被指定为王储，1977 年 12 月 31 日继位，成为第十三任埃米尔。他年轻时英俊潇洒，勤奋求索，严于律己，事必躬亲，经常自己驾车外出，如违反交通规则，主动要求警察照章办事，按规定处理。他思想开明，主张同中国尽快建交，并于 1965 年以财政大臣身份访华，一时被誉为"红色亲王"。回国后，他积极促成了科于 1971 年 3 月 22 日同中国建交。

我认识埃米尔贾比尔，是从在驻科使馆工作期间（1985—1989 年）开始的。

1985 年 5 月 25 日，在我抵达科威特的第三天，埃米尔贾比尔殿下遭到汽车炸弹袭击，此事引起当地乃至国际社会的强烈反响，顿时成为

已故科威特国埃米尔谢赫贾比尔·艾哈迈德·贾比尔·萨巴赫

世界焦点，各国媒体争相报道。事情是这样的：埃米尔贾比尔为树立亲民形象，且不扰民，决定上班时轻车简从，不再用卫队保护，仅用一辆开道车，也不再实行警戒。当日上午9时，他乘车上班行至市中心，发现有一辆乳白色的小轿车迎面缓缓驶来，开道车遂上前查询，结果这辆装满10公斤烈性炸药的汽车爆炸了，致使开道车被炸毁，燃起熊熊大火，车内两名警卫当场身亡。贾比尔乘坐的防弹车前窗玻璃被震开，部分碎片打在他的头部。至于何人所为，因肇事司机已被炸死，一时尚难确认。当日下午2时，贾比尔用纱布裹着头部出现在电视上，我们发现他受了一点轻伤，据说仅被玻璃碴子划破了点皮。他讲话严肃、镇定，头脑清醒，一方面说明此系一起恐怖事件，意在破坏科国内稳定，一定要追查到底；另一方面，强调科政府今后一定要加强治安，并有能力保护公民的安全。这是我第一次从电视上看到贾比尔，感到他能在事发后即露面很不简单。

此次恐怖袭击事件是自1980年两伊战争爆发以来科发生的一系列

爆炸事件中最严重的一次，这表明科国内的恐怖活动正在升级，矛头直指埃米尔，意在制造社会动乱，煽动民众闹事。该事件与两伊战争有关，伊朗嫌疑最大，欲"杀一儆百"，逼科王室就范；伊拉克也有可能，促科亦步亦趋。但在美国支持下，科安全局势没有失控。该事件后，科加强了戒备，埃米尔也深居简出，再未发生类似事件。

1987年6月，杨福昌大使离任，管子怀大使履新。是年9月，管大使向埃米尔递交国书，我同几位参赞有幸出席。

当我们进入接见大厅时，埃米尔已在大厅等候。他身材修长，身着科民族服装，显得有些单薄，脚蹬油光锃亮的皮鞋，一向严肃的脸上略带微笑，两道浓眉下有一双炯炯有神的大眼睛，眉宇间透出一股英气。管大使向他递交国书后，他热情地同我们一一握手，并请我们就座。他欢迎管大使赴科履新，积极评价两国友好合作关系的发展，并希望大使任职期间为此作出更大努力，尤其是促进双边经贸合作。他说，科与中国相比，乃弹丸之地，但科有丰富的石油资源和石油美元，并正在发展建设，因此，两国在这方面有广阔的合作潜力。他讲话时神情专注，一脸严肃，声音很细，但尚能听清。那时，我在旁边作记录，偶尔抬头看他一眼。他反应很快，以为我未听清楚，即再重复一遍。他说，看到中国大使、参赞都懂阿语，感到很高兴、很亲切，这样既节约谈话时间，又可增进友情，拉近了朋友之间的距离。

1989年1月，我奉调回国，在外交部西亚北非司工作。是年12月24日至26日，我陪中国国家主席杨尚昆访科。科方予以十分隆重的接待。埃米尔贾比尔殿下亲率王室权贵和军政要员前往机场迎接，在机场上举行了隆重的欢迎仪式。杨主席在贾比尔殿下陪同下检阅了三军仪仗队，然后驱车进入市区，下榻和平宫。

科在那里增加了警力，凡杨主席路过或参观的地方，都采取了安全措施。科方为每位代表团主要成员配一位保安人员。我们看到，齐怀远副外长的保安同他形影不离，甚至他上洗手间时，保安也跟在后边。齐副外长私下对我说，这太不方便了。代表团抵达当晚，杨主席前往我驻科使馆看望馆员和公司人员等。保安就站在杨主席身旁。使馆同志做工作，劝他到外边等，他坚决不干，并说，他的上司命令他这样做，一旦有事，他要掉脑袋。

26日上午10时，杨主席同贾比尔殿下举行了小范围会谈。中方出席的有国务委员兼财政部长王丙乾、齐副外长、管子怀大使、翟隽副处长和我。科方有王储兼首相萨阿德、副首相兼外交大臣萨巴赫和财政大臣等。贾比尔殿下对杨主席访科表示欢迎后，便请杨主席先讲。杨主席感谢贾比尔殿下的友好邀请和盛情款待。他说，殿下是中科友好合作关系的奠基人，是中国人民的老朋友，1965年曾作为财政大臣访华，为两国建交奠定了基础。在任埃米尔后又十分重视推动和发展同中国的友好关系，我们对此表示衷心的感谢。两国建交后关系友好，发展顺利。中国政府对两国在政治、经济、贸易等各个领域里的友好合作所取得的成果表示满意。进一步发展同科的友好合作关系是我国既定方针。同时，杨主席感谢科政府和人民对我国经济建设的支援，其中科基金会向我国提供了3亿多美元长期低息贷款用于一些建设项目，这在我国经济建设中发挥了良好的经济效益。杨主席强调，双方在经济技术领域的合作潜力巨大，前景广阔，希望双方共同探索新途径和新形式。贾比尔殿下完全同意杨主席的上述看法，对两国关系的发展表示满意。他说，科在石化、住房、交通等领域还有些大的项目，欢迎中国公司参加投标。此外，随着中国经济的腾飞，科一些公司在中国进行了投资，希望中国政府为之提供方便。关于两伊和谈问题，贾比尔说，两伊战争持续8年，科与两伊接壤，处境困难，蒙受重大财政经济损失。两伊停火已两年多，但双方仍存在严重分歧，谈判进展缓慢。科希望两伊和谈尽快取得进展，以便使科国内也稳定下来，恢复正常生活和对外经贸往来。杨主席对科在两伊战争期间蒙受重大经济损失表示同情，对两伊停火并进行直接谈判感到高兴。他说，两伊都是中国的朋友，中方愿为推动两伊和谈继续作出贡献。我国对两伊战争的一贯立场是严守中立，积极劝和。现在，我们仍持这一立场。我们支持联合国秘书长的调解活动，以使两伊停火尽快转变为持久和平。此外，杨主席通报了我国改革开放取得的成就。贾比尔表示赞赏。最后，杨主席邀请贾比尔殿下在方便的时候访华。贾比尔愉快地接受了邀请，时间待定。

会谈期间，贾比尔殿下两次朝我微笑，显然他已认出我来。会谈后，我们离开大厅，他主动同我握手。我告诉他，我已调回北京，在外交部亚非司工作。他说，欢迎我方便的时候再来科看看。

海湾危机期间，我同科驻华大使巴疆联系较多，经常谈起贾比尔殿下和我在科任职期间的有关情况。巴疆说，坦率地讲，埃米尔对中国人民有着特殊的感情，他十分重视中国的大国地位及其在联合国安理会中的重要作用；感谢中国政府公开谴责和反对伊侵略科并要求其立即撤军以及支持科的正义立场。在这一点上，科朝野是不会忘怀的。

巴疆大使还出席了 1990 年在北京举行的亚运会开幕式。有一次，他深情地对我说，当科运动员高举国旗出现在体育场时，他看到全体中国观众都起立鼓掌，向他们致意，其场面之盛大，使他大为感动，热泪盈眶，深深感到中国人民的心同科人民的心是连在一起的。回馆后，他立即将上述情景报告了埃米尔贾比尔殿下。

1990 年 12 月 26 日至 28 日，贾比尔殿下访华，受到了我国高规格的热情接待。杨尚昆主席破例前往钓鱼台国宾馆楼前迎接，300 余名青少年挥舞两国国旗夹道欢迎。在科国难当头之际，贾比尔"受到超出礼宾常规的接待"，让他大为感动，见到杨主席时热泪盈眶。访问期间，江泽民总书记、杨尚昆主席和李鹏总理分别予以会见或会谈，重申了中国反对伊拉克侵占科的明确立场，强调中国绝不做有损科的事。贾比尔访华取得了圆满成功。杨主席同他话别时表示，欢迎他在科恢复主权后

1990 年 12 月 26 日，中国国家主席杨尚昆在北京钓鱼台国宾馆欢迎来华访问的科威特国埃米尔贾比尔。（供图：中新社）

再次访华。他深情地说，在北京受到的热烈欢迎和盛情款待，温暖了他们由于困难造成的心理创伤，愿在科解放后来华看望老朋友。

1991 年 2 月科复国后，有 700 多口油井在燃烧，科政府急需灭火。巴疆大使建议科政府请中国政府派专业人员去灭火。他对我说，他几乎天天收到许多中国朋友的来信，介绍灭火方法，并毛遂自荐，自愿去科灭火。他们言辞诚恳，感人至深。他相信中国公司有能力协助科灭火。同年 7 月 14 日，李鹏总理访科。当天，中国石油工程建设公司和科威特国家石油公司正式签订了灭火合同。9 月 4 日，中国灭火队开始在科作业。经过 53 天的奋战，他们终于扑灭了难度最大的 10 口油井的大火。

1991 年 11 月 16 日，中共中央总书记江泽民会见来访的
科威特国埃米尔贾比尔。

　　同年 11 月，贾比尔殿下再度访华，一来感谢中国对科的支持，特
别是为灭火作出的积极贡献；二来表达进一步加强双边友好合作关系的
良好愿望。这两次访问有力地促进了中科友好合作关系的全面发展。两
国人民之间的友谊经受了国际风云变幻的考验。贾比尔每次会见中国访
科代表团，都会回顾他访华的情景和同中国领导人之间的特殊友情。

　　2006 年 1 月，贾比尔殿下病逝。胡锦涛主席致电王储萨阿德，表
示沉痛哀悼。他在唁电中称："贾比尔殿下是科威特杰出的领导人，重
视发展对华关系，生前曾三次访问中国，为中科友好合作关系的发展作
出了重要贡献。他的逝世不仅是科威特人民的损失，也使中国人民失去
了一位令人尊敬的老朋友。"

科威特公主的中国情怀

吴富贵（中国—阿拉伯国际合作中心副主任）

心系女生，关爱女性

她降生于科威特首都科威特市。她天生丽质，聪慧过人，自幼就酷爱文化和艺术。名片上拥有众多头衔的她，既是科威特国现任埃米尔的妹妹、王室重要成员，也是科威特志愿工作中心主席、享誉世界的海湾阿拉伯国家环保人物。她就是科威特公主艾姆萨勒·艾哈迈德·贾比尔·萨巴赫，也是中国妇女和中国人民的老朋友。

艾姆萨勒公主对中国怀有深厚的感情。她曾三次到访中国：1995年9月第一次来华，是参加联合国第四次世界妇女大会；2008年10月，第二次访华，她访问了北京、上海、云南等省市；第三次访华是2010年5月参加上海世博会。

2008年10月公主第二次访华时间最长、项目最多，收获颇丰。10月10日，在全国妇联书记处书记甄砚的陪同下，艾姆萨勒公主一行访问了中华女子学院。

上午10时许，公主一行步行来到学院依山傍水、嘉木苍翠、碧草青青的小树林旁。在科威特驻华大使盖斯的陪同下，艾姆萨勒公主兴致盎然地亲手持锹种下了一株松树幼苗，并俯身为其培土、浇水。在杲杲丽日的映衬下，这株新苗显得生机勃勃。

2008 年 10 月 10 日，艾姆萨勒公主在中华女子学院植下
友谊树后，与中国全国妇联副主席甄砚（右 2）、中华女子
学院院长张李玺（左 2）等在友谊树铭牌前合影留念。

　　张李玺院长在向艾姆萨勒公主介绍这一松树树种的详细情况时强
调，松树就算在寒冬时节也毫无凋零之色。公主听后高兴地说："今天
我很高兴与中国妇女界领导人一起在这里栽下这棵代表科中妇女友好情
谊的松树幼苗，这是传承科中妇女之间友好互利合作的姐妹精神的具体
体现。幼苗下土是历史的见证。我会记住这棵树的位置，今后有机会再
访中国时，我一定要来看看这棵松树的生长情况。科中两国关系牢不可
破，科中妇女之间的友谊亲如姐妹。今天我们所做的一切，都是为了给
两国子孙后代未来的发展谋福祉。今天我们一同亲手种下的这棵松树幼
苗，象征着科中友谊，相信在科中两国人民的共同呵护下，友谊之树一
定会茁壮成长，枝繁叶茂，万年常青。"

张李玺院长表示会精心呵护这棵友谊树。随后，艾姆萨勒公主应邀在留言簿上题词："科中妇女之间的友谊万古长青。"

十年来，无论是近在咫尺的校园里的学生们，还是校园外其他高校的大学生们，每年都会有一批批志愿者结伴而至，或挥锹培土，浇水育苗，或现场写生，合影留念，用真情护卫着这棵友谊之树。正如师生们在留言簿上写的："随着时间的推移，友谊之树已经超出两国妇女交往的范畴，成为联结中科两国友谊与合作的重要标志和象征。"

中科友谊之树不仅扎根在土壤里，更深植于两国人民的心中。

关注环保，志愿服务

艾姆萨勒公主这次到访中国，还有一项重要的使命，这就是对中国农村发展和使用新能源技术、城市环境保护和爱心志愿服务进行考察。

在北京市房山区长阳镇参观访问后，公主一行应邀来到中国环境保护部。周建副部长首先代表环保部周生贤部长向客人表示欢迎。周副部长说，当前，中国把生态文明建设纳入中国特色社会主义事业"五位一体"的总体布局。我们着力构建生态文明建设和环境保护的四梁八柱，重点打好大气、水、土壤污染防治三大战役，全面开创新时期中国生态环境保护工作的新局面。

会谈中，艾姆萨勒公主向周建副部长简要介绍了科威特开展海洋生物保护、海水淡化、环保公益事业等的情况。她说，关于环保项目，比如说保护水资源和防治空气污染的项目，是科威特国亟须上马且有意与中国环保部开展技术合作的科研项目。此次访华的主要目的是希望与中国加强在环保领域的技术合作，以便互相学习，交流经验和技术，用以推动两国环保事业的长足发展。

艾姆萨勒公主在中国福利会少年宫观看书法
学员书写"友谊"二字。

倾心教育，关爱儿童

离开北京，艾姆萨勒公主一行来到上海继续访问。期间，她访问了坐落在上海市延安西路 64 号的中国福利会少年宫。

这天，公主身穿花边棕色短大衣，修长的身材，一头茂密的黑发伴着卷曲的马尾辫，戴一副金丝眼镜，显得随和而有风度。在全国妇联国际联络部部长邹晓巧、上海市妇联主席张丽丽、中福会党组书记洪纽一、少年宫主任陈白桦等陪同下，公主健步走向少年宫大厅。少年宫的孩子们热烈欢迎科威特公主来访，"中科友谊万古长青"的欢呼声不绝于耳。

倍受礼遇的公主感慨，尽管这座城市和少年宫的建筑是陌生的，但面对孩子们的欢声笑语，心里却有一种归属感——因为这里到处充斥着勃勃的生机、青春的朝气和温情的暖意。

中国福利会少年宫学员将"喜相逢"
剪纸习作赠送给艾姆萨勒公主。

　　歌舞表演后，公主一行先后走进计算机中心、舞蹈中心、美术中心和书画教室，分别观看了少年宫孩子们现场展示的书法、剪纸、计算机、合唱、舞蹈等校园文化活动，亲身感受了中国福利会在少儿校外教育方面的特色及成效。

　　公主一行来到书画教室，立刻被极具中国传统特色的书画艺术作品和图案造型各异的民间剪纸艺术所吸引。一名学生还为来宾们现场示范了毛笔的执笔、运笔方式。公主饶有兴趣地拿起毛笔书写，体验其中韵味。她还走上前去热情地与孩子们交谈，像妈妈一样问长问短，嘘寒问暖。

　　陪同人员告诉公主，毛笔书写的"和"字在汉语里具有"和平""和谐"之义，是我们对世界的共同心愿，接着还讲解了民间剪纸所蕴含的文化内涵。公主连连拍手称赞，夸奖孩子们聪明伶俐、心灵手巧，长大一定会成为国家的栋梁之材。离开书法教室时，客人们还收到了孩子们

艾姆萨勒公主与中国福利会少年宫合唱团学员互动。

现场创作的礼物——春联和剪纸。

在声乐中心，身穿中科两国民族服装的中国少年儿童用中文和英文分别演唱了《春天的摇篮》和《茉莉花》。孩子们纯真的眼神、稚嫩的歌声和快乐的舞步深深感染在场的科威特贵宾。

演出结束后，公主与陪同参观的中福会少年宫领导深情话别。她高度赞扬中国福利会少年宫名师荟萃，让孩童受益，智慧和灵感在这里碰撞、迸发。她表示，热情期待少年宫的孩子们能在不久的将来到科威特进行访问演出和交流。临别前，公主欣然为中福会少年宫题词，并与中福会党组书记洪纽一、少年宫主任陈白桦交换了纪念品。

回到科威特，公主心中仍然惦念着中福会少年宫和小朋友们。为此，她于 2008 年 10 月 22 日委托科威特驻华大使，以她的名义写了一封致少年宫陈白桦主任的感谢信。

慈善心，跨国情
——记科威特前驻华大使夫人阿伊莎·盖斯

王　燕（中国阿拉伯文化研究学者）

　　科威特是第一个与中国建交的海湾阿拉伯国家。47年来，中科关系在政治、经济、文化各方面都取得了巨大的发展，双边合作领域不断扩大和丰富，合作前景广阔，切实推进了两国人民所憧憬的发展、建设进程和期盼的国富民安。这期间始终有那么一批正直、热心的科威特朋友，如同勤劳的蜜蜂，为中科友谊之果默默无闻地催花酿蜜。这其中，就有科威特前驻华大使费萨尔·拉希德·贾西姆·盖斯的夫人阿伊莎·盖斯女士。

美丽干练，科威特女性的佼佼者

　　在科威特驻华大使馆见到盖斯女士时，她刚从沙特在京学校举办的赈灾慈善义卖会上归来，正在办公室伏案工作。

　　任阿拉伯驻华大使夫人协会主席的阿伊莎·盖斯女士，有着一副科威特女性的俊俏容貌，又深受阿拉伯文化的熏陶，融柔美与热烈于一身。

　　我们在充满科威特情调的使馆会客厅里开始了采访。阿伊莎微笑着用标准的阿拉伯语回答着我们的提问，一会儿又操着科威特土语向前来的同事布置工作，一会儿又以标准的阿拉伯、英语接听国际长途电话，让我们在短时间内感受到了她的干练、热情和爽快。

　　"听说您被誉为科威特最美夫人。"我们的问话开门见山。阿伊莎的回答更直截了当，她说自己很普通。

或许，她很普通。身穿阿拉伯大袍的她，牵挂着那些中国贫困地区的妇女儿童，愿贫困山区、地震灾区的适龄儿童都能茁壮成长有学上。

但是，她也不普通。来华随任 10 年来，她攒下五大箱来自中国各地贫困山区的感谢信。"中国贫困地区助残助学的事，就是我生活中的头等大事。"她的热情，让阿拉伯大袍也有温度；她的坚持，让阿拉伯母爱之心感动中国。

当年，在每月举行的义卖会上，总能看到一位身穿绿色阿拉伯大袍的科威特妇女忙碌的身影。一头短发、身穿阿拉伯大袍的她，一举一动都显得格外利落，据说，这是她上学时养成的习惯。

阿伊莎·盖斯女士如今已是 3 个儿子的妈妈。2003 年 1 月随丈夫来华赴任之前，她在科威特曾担任教师工作，后因工作业绩突出被校方推举为学校的校长。她是一位母亲，更是一位夫人外交工作的坚定执行者，一位热衷于慈善事业、把自己一片爱心奉献给中国贫困地区儿童的阿拉伯妈妈。

阿伊莎坦言，人生如梦，转眼间走完了一大半。今日再回首，论工作经历，她在教育、医疗卫生、外交等行业都干过，并且还常驻过 20 多个国家，在同辈人里也算阅历非常丰富了。可是没想到，中国又给了她人生全新的体验。2003 年来华之前，她对中国的热爱只是一种单纯的狂热。而常驻中国两年之后，她对中国的感情变成了一种理性的热爱。

爱无国界，走在慈善的路上

在中国慈善事业中，阿拉伯驻华大使夫人虽然人数较少，但善举却很有特色。

自上世纪 90 年代中期以来，每个月的第二个星期二，各阿拉伯国家驻华大使官邸轮流举办"阿拉伯早茶会"这项慈善义卖活动，今天，

2010 年 4 月，阿伊莎（右 1）陪同时任中国外交部长杨洁篪夫人乐爱妹参赞出席阿拉伯国家驻华大使夫人协会在北京沙特阿拉伯学校为四川地震灾区妇女儿童举办的慈善义卖活动开幕式。

该活动已成为阿拉伯国家驻华大使夫人协会成员同中国各界妇女欢聚一堂，传播阿拉伯人文、慈善、饮食、服饰文化的重要平台，成为中国各界妇女感受阿拉伯特色文化氛围的窗口。

2009 年 5 月 9 日，阿伊莎·盖斯女士带领阿拉伯驻华大使夫人协会成员在沙特驻华使馆所属的北京沙特学校举办了一场大型慈善义卖活动。

这次义卖活动以"阿拉伯夫人精心打造的通往中国的丝绸之路：过去、现在和未来"为主题，展示阿拉伯国家的悠久历史、灿烂文化、传统美食和经济发展成就。

在 22 个阿拉伯国家驻华大使馆各自设立的展台上，堆云叠翠的阿

阿伊莎与时任中国全国妇联副主席、书记
处书记赵少华共同出席义卖会颁奖仪式。

拉伯各类商品令人眼花缭乱。阿拉伯椰枣、苏丹红茶、摩洛哥香塔、索马里乳香和没药、科摩罗香料、约旦死海泥、巴林珍珠、埃及香精油、阿联酋黄金饰品、黎巴嫩雪松木制品、叙利亚瓷器及富有阿拉伯特色的男女大袍等民族服饰和手工艺品，受到北京市民和各国友人的喜爱。来宾们争相采购，许多宾客还在展台前热情地对阿拉伯各国的大使夫人讲起自己的阿拉伯故事，表达自己对阿拉伯、阿拉伯文化和阿拉伯人民的亲近之情。

阿拉伯各国在华留学生在慈善义卖活动上表演了精彩的音乐舞蹈节目。活动结束后，阿拉伯驻华大使夫人协会将义卖所得全部捐献给中国慈善机构。

时任中国外交部长杨洁篪的夫人乐爱妹参赞也受邀作为嘉宾出席，并在义卖会上发表了简短的讲话。她表示，阿拉伯驻华大使夫人协会在华举办赈灾募捐活动，这份慈爱之心充分体现了阿拉伯人民对中国人民的友好情谊，也诠释了大爱无国界的真理，我们会把这份关爱之情铭记于心。

2007 年，阿拉伯驻华大使夫人协会、中国前外交官联谊会与中国抗击乳腺癌协会联合在北京朝阳公园举办了抗击乳腺癌大型慈善义卖活动。会上，阿伊莎·盖斯女士代表阿拉伯驻华大使夫人协会发表讲话，强调了此次活动的重要性，并指出，阿拉伯驻华大使夫人协会将会用实际行动积极响应并全力支持这项活动。她代表阿拉伯驻华大使夫人协会向中国抗击乳腺癌协会捐赠了善款。

阿伊莎说，慈善没有国界，爱心没有国界，丈夫当大使，夫人更应有担当。她要做长城脚下的科中妇女交流友好使者，不辜负"芳香永在、慈善永在、爱心永在、魅力长存的阿拉伯驻华大使夫人"的荣誉称号。

"我无法给予别人一个幸福的人生，但只要能给别人一段快乐的时光，哪怕是开心一天，我都愿意竭尽全力去做。"阿伊莎·盖斯女士如是说。

走进家庭展览馆
——访科威特著名画家哈里发夫妇

刘元培 （中国国际广播电台阿拉伯语部原主任）

2002 年，经中国驻科威特使馆文化处的介绍，我有幸拜访了科威特美术界元老哈里发·盖坦，并参观了哈里发夫妇别具一格的住宅。

彩色玻璃贴外墙

我很少见过这么漂亮的住宅外墙和大门。它们用镜子碎片和彩色玻璃片粘贴，勾画出鱼、鸟、蝴蝶、羊、骆驼等动物形象和花草树木等图案，两扇大门上镶着面带笑容的哈里发夫妇的头像。

步入客厅，四周的墙壁全由镜片和玻璃片镶嵌，上面挂着家庭照片和杰出的画作。主人哈里发请我和同行人员及使馆文化处的两位官员进会客室入座。沙发背后的墙上镶嵌着两条大鱼。我心想，难道科威特人也讲究"年年有余"？还是他们时刻不忘传统的海洋捕捞业？

会客室分前厅和后厅。前厅左侧是厨房，内设一个小餐桌。后厅一般不对外开放，但中国客人除外。这里是工作室，中间放着画家的书桌，上面有一些文件、个人档案资料。我惊讶地发现，画家已进入老年，约65 岁以上，却热衷于收集资料，把报纸上有价值的消息报道剪下来，分类收藏。他不仅是一位画家，还是一位学者，紧跟时代发展，不断研

哈里发家的外墙

究新动态。所以，他的画作反映生活、紧跟时代，充分描绘国家和中东地区的风云变幻。

造型艺术的先驱

通过用彩色碎瓷砖铺设的楼梯走上二楼，就到了哈里发的画作展厅。画家哈里发·盖坦早在上世纪 50 年代就蜚声国内外。他从事造型艺术工作 50 余年，被誉为科威特造型艺术的先驱。哈里发·盖坦中学毕业后，由于当时国内教师都来自叙利亚、埃及和巴勒斯坦等阿拉伯国，而科教育部急于改变这种情况，于是他便自告奋勇到教育部报名。后来他被安排在一所名叫纳加哈的学校任教。1953 年，教育部决定派他去英国留学。到英国后，他先到工厂实习六个月，然后进入莱斯特工艺美术学院学习。在他的个人画作展厅里，展出了他几十年的画作。参观者能深深地感受

哈里发夫妇

到画家对科威特祖国的赞美，对和平生活的眷恋，对生命、对和平、对人道主义的独特体验和感悟。他的作品还记录下了海湾战争中科威特的遭遇。

哈里发的夫人丽迪娅在介绍丈夫的绘画艺术时说："哈里发从小热爱画画。青少年时，经常外出写生，到海边画大船，到沙漠里画骆驼。他作画的基础是哲学理念，从现实出发，通过喜剧的方式反映现实，不加任何描写和设想。他的绘画是旋转的圆形艺术，以一个点为中心，逐步向外扩展。"

哈里发 19 岁时，就在科威特举办了个人画展，成为第一个举办个人画展的科威特画家。随后，他的画作又在其他国家展出。

宾主在丽迪娅（前排左3）的展室
合影。（右1为刘元培）

哈里发是中国人民的老朋友。1981年，北京美术馆举办了他的画展，展出的29幅作品突出描写了科威特的人物和风貌、苦难和希望。他拿出一本影集给我和同行者看，照片记录了画展的情况。这是中科建交以来在中国举办的第一场科威特艺术展览。

变家为艺术品

哈里发的夫人丽迪娅出生在意大利佛罗伦萨，两人在英国留学时邂逅，坠入情网。婚后不久，丽迪娅就来到科威特，并加入了科威特国籍。没有几年，她就学会了阿拉伯语和科威特方言，并能做一手美味的科威特菜。她也成为科威特知名的艺术家，三楼就是她的画展室。丽迪娅的画作比较抽象，富有想象力。很多作品以妇女为主题，提倡男女平等。

除了绘画外，丽迪娅更主要的工作是装饰这个家。音乐、五彩玻璃、各种大大小小美丽的灯，是她各个房间的重要元素。她的卫生间如同一艘在海上航行的古船，打开灯光，吱吱啾啾的鸟声四起，四周墙面上镶有船只、海豚和鱼，香皂盒、香波瓶上也都刻画着海豚。她的展室的隔壁是音乐治疗室，里面放着一张长沙发，可躺下休息。地面、墙壁和天花板都贴上了彩色玻璃，组成各种图案，折射出五颜六色的光影。我在黑暗的音乐治疗室内休息片刻。坐在沙发上，抬头仰望，天花板上呈现出美妙的奇观，无数星星闪着银色的光辉，组成美艳的画面。人们躺在这里，耳听悠雅的音乐，眼望灰蒙蒙的天宇，分外幽静，可以平静心态、消除疲劳。

丽迪娅对每个角落都进行了精心设计和布置。门口是一段《古兰经》，室内四周装有各种造型的灯饰。灯光一开，墙内播放出悦耳的旋律，衣柜上装饰的几十盏小灯发出微弱的银光，犹如繁星。

房子的顶层是宽敞的收藏室，这里陈列着各国的古钱币，从世界各地收集到的100多种钟表，阿拉伯民族乐器和宝剑，还有中国的茶壶、印度的象牙等。

辞别哈里发夫妇前，丽迪娅想送给每位中国客人一件礼物，她请我们每人在挂在墙上的她的画作中任选一样。墙上挂着近百幅作品，每幅大小基本相同，大约30厘米见方，有油画、装饰画、水果静物植物装饰手绘画、花卉静物油画、古典静物油画、装饰风景画等。有些画非常抽象，在我们看来是四不像。这些画可以挂在客厅、卧室和书房。大家看花了眼，都想要，但只能挑一种。最终，挑花卉静物的画较多。我与众不同，挑了一件十分抽象的作品。这是一幅油画，画面上贴上彩色布料，中间是一颗大的彩色人造珍珠。丽迪娅见了我挑的画作，竖起大拇指说："有眼力。"

宾主在哈里发（右3）的展室合影。（右1为刘元培）

　　最后，哈里发领着中国客人走出家门，去海边看他的雕塑作品。约一刻钟左右便到达目的地，一座立体雕塑树立在我们的眼前，约一人多高，中心思想是欢庆科威特战胜伊拉克入侵。雕塑分三部分：底座八角形，记录了科威特人民反抗伊拉克入侵的历史；底座的上面绘制着一幅科威特地图；最上方是一只和平鸽。雕塑充分表达了哈里发的爱国之情。他对我们说："伊拉克占领期间，一些人到国外谋生。但我没有出国，外国有单位出高薪聘请我去工作，我谢绝了。因为我是这片土地的儿子，我要留在这里，直至死去。"大家高度赞赏他的爱国情怀。分手时，我表示希望他创作更多的好作品，愿不久在北京相会。

　　2004年，哈里发不幸病逝，但他夫人丽迪娅没有离开科威特回意大利。她舍不得自己的家，并要继续美化这个"艺术展馆"。她对媒体说：

"我认为我的家在世界上首屈一指，世上绝对找不到类似的第二家。"

现在，丽迪娅每天要接待好几拨客人。一些中国人到科威特后，也慕名前去访问。她的家白天敞开大门，除卧室外，其他地方随便参观。

哈里发夫妇仅有一个女儿，丽迪娅计划为她另建一栋房子。而现在这套房子，她已留下遗嘱，去世后将作为展馆赠送给国家。

几分耕耘，几分收获

苏师尧（福建省体操协会副主席、技术委员会主任，福建体操中心顾问）

1973 年 3 月，作为国家队教练，我带领中国体操队访问科威特。对科威特来说，这是有史以来第一支外国体操队来访。中国体操健儿们惊险、精湛的表演和顽强进取的精神，使数千观众为之倾倒，轰动了整个科威特体育界。科威特体操协会主席不止一次向中国驻科使馆和我本人发出邀请，聘请我到该国担任国家队教练，并且希望如果有可能最好当时就留下来。考虑到科威特朋友们的盛情相邀，国家体委于 1975 年底委派我到科威特任教。

战胜高温

科威特属于沙漠性气候，每年 4 月到 9 月的半年里酷热干燥，最高气温达到 49℃。在这期间，体操基本上终止比赛和训练。这是我刚到科威特便面临的意想不到的情况，心里想："半年训练，半年停"，怎样能提高成绩？如何培养优秀人才？必须想办法改变这种状态，全年坚持训练。可是，在 50℃左右的高温下能否坚持训练，队员们的身体能否顶得住？全年训练是科威特体操界前所未有的事，为了科威特的体操事业必须大胆尝试。我首先找了体操队队长贾瓦德和一些骨干商讨全年训练问题，并研究制定出一套精细的训练计划。

苏师尧和科威特运
动员在休息室。

贾瓦德对体操运动特别热爱和执着，事业心强，他对我提出的全年训练方案全力支持，但他更担心中国教练自己能否顶得住这种沙漠高温气候。当时，也有些队员存在疑虑，但贾瓦德十分钦佩中国教练尽快提高科威特体操水平的决心和勇气，他决定全力支持我。在我到科威特任教的第一个夏天，科威特国家体操队开始大胆尝试，贾瓦德带头试验新的训练方案。他的果敢行动不仅带动了其他队员，而且也是在支持、鼓舞我去实行新的训练计划。

学校里的训练馆不通风，闷得人喘不过气来，在馆里训练有时比在室外训练还难受。我就组织队员把一些器材搬到室外进行训练，队员们热得气喘吁吁，但大家相互鼓劲，采取各种方法，把训练气氛调动起来。

训练最苦莫过于单杠，手握单杠就烫得要起泡，所以，每天训练前都要用冷毛巾把单杠包起来，使杠面冷却。

碰到"斋月"，更是难以忍受，每天早上日出到下午日落这段时间不吃不喝，给训练带来更大的困难。虽然我不是穆斯林，但我尊重队员们的宗教信仰、宗教感情和民族习惯，自觉与队员一样，训练中滴水不进，忍受着嘴唇干裂、流血和钻心的疼痛。队员们看到教练和他们同甘共苦，很受感动，个个咬紧牙关坚持训练，出勤率比以前高了，训练时间也延长了。

经过贾瓦德和他的同伴们半年的艰苦奋斗，在高温酷暑下坚持训练的方案获得成功。这一大胆的改革，为科威特在今后的三四年时间里一跃成为阿拉伯体操强国奠定了基础。科威特体操协会领导高厦赞扬说："苏教练是科威特的朋友，他为我们国家的体操事业作出了重大贡献。"

科威特的第一个体操训练场地

科威特盛产石油，是个很富裕的国家，人均国民生产总值名列世界前茅，然而竞技体操却处在从无到有的初创阶段。赴科威特执教的第一天，我就碰到没有体操训练场地的困难。队员驾车拉我到处找临时场地，我们经常向当地的澳大利亚中学借用场地训练。学校要上课，训练只能等到放学以后进行，加上队员年龄、体力、水平及学习和生活习惯的不同，要按照统一的时间进行训练显然行不通。我只能采用因人而教的办法，来一个训练一个，来几个训练几个。训练就这样开始了。

因场地是临时借用的，每次训练前教练都要带领队员搬运、安装器械，训练后还得拆器械，放回原处。这一切说起来容易，做起来却很难。这些器械重量都不轻，搬来搬去，一装一卸，得花很多的精力和时间，再说这中间还有几个小时大强度的训练！刚开始，很长一段时间只有我

苏师尧与科威特
弟子合影

一个教练,在带国家队训练的同时,还要教16岁以下三个班的运动训练。这种超负荷工作的劳累是可想而知的。一天训练下来,总是筋疲力尽、腰背酸疼,全身像散了架似的。就是在这种艰难的共同训练、生活中,我和运动员之间的感情更深了。

训练日复一日,我总想着要有个固定的体操训练场地,这样队员的进步会更快。我把这想法告诉了贾瓦德,他跟我想到一块去了,我们一拍即合。第二天,贾瓦德开车带我到各体育俱乐部寻找场地,终于在沙林米亚体育俱乐部找到一个小卖部。经和俱乐部商量,让小卖部搬走,经过改装、装修、扩大,然后自己刨坑、凿眼、安装器械,尽管这个小场地连自由操垫子也搁不下,但体操队终于有了自己的训练场地。这也是科威特国第一个体操专用场地。

苏师尧与科威特体育官员、
运动员及家属在餐厅。

物换星移，寒暑四易，几分耕耘，几分收获。在艰难的环境中和队员同甘共苦、用心血和汗水浇灌的科威特体操之花，于1979年在伊拉克巴格达举行的阿拉伯体操锦标赛上大放异彩：比赛中，贾瓦德完成了一套非常完美漂亮的单杠动作，他的单杠下法是后空翻两周转体360°旋下，稳稳地站住不动。"旋下"是当时世界体坛新的高难度潮流动作，它第一次出现在阿拉伯世界，轰动了伊拉克，也轰动了阿拉伯体操界。伊拉克报纸头版报道："好呀！科威特的小伙子……这是科威特的骄傲……"科威特的报刊也大篇幅报道了此次的盛况。贾瓦德在这次锦标赛中除了赢得单杠冠军，还赢得个人全能冠军和双杠、鞍马冠军。当记者采访中向他表示祝贺时，他走过来紧紧地抱住我说："这是我亲密的兄弟培育的结果！是他崇高精神的胜利！"

在科威特任教的四年中，我的聘期一续再续。结婚七八年，我和家人在一起的时间却很少很少，再说"上有老，下有小"，照顾一家老小的重担全部落在妻子一个人肩上。游子思归，人之常情。

1979 年 5 月，我胜利完成任务，怀着依依惜别的心情，离开了科威特。在隆重而盛大的欢送会上，科威特体操协会秘书长说："苏教练来我们科威特四年了。他是我们体操事业的开拓者……我们期待着他的再次到来！"

再赴科威特

流光易逝，一转眼两年过去了。1981 年 7 月 10 日，正在家乡探亲的我突然接到一份加急电报，是国家体委发来的，要我立即返京，乘 16 日的飞机去科威特任教。这是怎么回事呢？原来，就在我离开科威特回国后的短短两个月里，科威特体操协会秘书长不仅拜会了我国驻科威特大使馆，还专程来华找国家体委有关部门，急切要求再次续聘我，同时提出把我妻子和两个孩子一起接到科威特，所有的生活费用全部由科方负责。由于事先我并不知道这些，所以没有思想准备，一下子愣住了。家里人也没有想到。好在妻子识大体、顾大局，理解我对体操事业的执着和热爱以及对科威特的感情，为了中科友好事业，她毅然支持我重返科威特。家里有老人，小孩年纪尚小，所以她不能陪我到科威特。于是，重担又落在她的身上。就这样，按体委的要求，1981 年，我又踏上了熟识的科威特土地，继续担任总教练，并作为科威特体操协会技术委员会负责人之一，协助体操训练工作。

功夫不负有心人，通过与队员的共同努力和刻苦训练，我们终于迎来预定目标的实现。在第八届、第九届亚运会上，获得团体第六名，进入亚洲六强行列。1983 年，在第二届阿拉伯体操锦标赛上，科威特体操人又夺得团体冠军，并男子组总共八枚金牌中的七枚，这在科威特和

苏师尧在体操训练馆。

阿拉伯体操界是史无前例的。这来之不易、引人注目的成绩对科威特体操队是至高无上的荣誉，科威特埃米尔接见了体操队全体成员。

科威特队在阿拉伯体操锦标赛中获得了成功，标志着科威特体操走向新的高度。科威特体操协会负责人对中国教练更是赞不绝口，秘书长称赞："苏教练是科威特体操的开拓者……，是科威特体操之父。"

随着科威特体操蒸蒸日上、日新月异的进步，国家也建起了一个现代化的体操训练馆，装备了世界先进的体操器械，科威特体操训练也开始走向正规化。各个体育俱乐部也纷纷组建了体操队。中国教练在科威特影响极大，各俱乐部纷纷聘请了中国教练，使中国教练队伍由原来的一个扩大到十几个。

我到科威特担任教练，前前后后经历了十个年头。这十年中，我一个目标接着一个目标顽强地拼搏着，曾带领科威特体操队参加两次阿拉伯体操锦标赛，取得优异的成绩；带领科威特体操队参加第八、第九届亚运会，获得团体第六名，进入亚洲六强；1979 年率队参加在法国斯特拉斯堡举行的世界体操锦标赛。在国际会议上，科威特联合阿拉伯各国体操协会，投票赞成恢复我国在国际体联的合法席位。1983 年，我再次担任科威特国家队教练，率队参加在匈牙利布达佩斯举行的世界体操锦标赛。随着不断扩大国际交往、参加各种大赛，科威特体操水平逐渐向更高层次发展。我训练的队员为科威特赢得了荣誉，他们现在都已成为新一代的体操领军人物。贾瓦德赴美国留学获得博士学位后，在科威特负责某部体育工作。队员阿卜杜拉·玛拉还受聘于沙特阿拉伯，担任国家队教练。

在科威特期间，我还帮助贾瓦德编写了阿拉伯世界第一部体操教科书——《体操》，该书不仅在科威特，而且在整个阿拉伯地区产生了很大的影响。不少阿拉伯国家的体协、教练员、运动员都把它作为体操训练的范本。

在科威特艰苦奋斗的十年，我把最美好的教练生涯贡献给了科威特，增进了中科两国体操界的交往。愿中科两国友谊世代流传！

交流篇

今生难舍科威特

王景祺（中国前驻科威特大使）

1971 年 3 月 22 日，科威特成为第一个与中国建立外交关系的海湾国家，从此翻开了两国关系新的一页。中科两国一代伟人的远见卓识创造了历史，开辟了中国同海湾阿拉伯国家合作发展之路，对于维护中国同阿拉伯各国的友好互利合作关系和平稳定发展产生了深远的影响。

回顾中科建交近半个世纪的友好历史，我非常庆幸自己能成为其中的一员。25 年前的 1993 年 11 月 18 日，中华人民共和国主席江泽民根据全国人民代表大会常务委员会的决定，任命我为驻科威特国特命全权大使。出使科威特期间，我为加强两国之间友谊的纽带、提高两国关系的水平付出过艰苦努力。

身为职业外交官，我曾两度在科威特工作，历时 8 年之久。春华秋实，近 3000 个日日夜夜，对驻在国耳闻目睹的亲身经历，使我对科威特国有着难以割舍的情怀。

我有义务向中国人民真实地介绍这个亲密的友邦：她自 1961 年独立以来在各个方面都取得了巨大的发展和进步，被誉为"沙漠奇迹"；1991 年解放后，科威特人民不畏艰难险阻和各种挑战，重建了全新的更加繁荣富强的科威特。

2003 年 5 月，应社科文献出版社之邀，加之我的同行、中国社会科学院西亚非洲研究所前所长赵国忠研究员盛情相约和鼎力帮助，我承接了编著《列国志·科威特》一书的重要使命。在温伯友研究员、前驻

王景祺大使（右）与时任科威特驻华大使祖维赫（中）、社科文献出版社总编辑杨群在《列国志·科威特》新书首发式上合影。

民主也门大使黄振、前驻埃及武官许林根、中国石油工程建设公司驻科威特办事处经理丁少文等各界朋友的帮助下，我们如期将该书奉献给各界读者。

《列国志·科威特》一书发行情况相当不错，首版在不长时间内便销售一空，此后又加印了一次。至于该书在学术界和社会上产生的影响，仅就我本人接触的范围而言，也明显能感觉到它的存在。

本书出版后，科威特国驻华使馆先后购买了数百册，向来馆办理签证和访问科威特的各界人士赠阅。此外，大使馆还连续多年利用举行国庆招待会的机会，向来宾分发、馈赠该书。

　　该书在全国各类图书馆和大专院校都有收藏，在一些政府部门里，如我原工作单位外交部图书资料室里也有保存。我发现不少网站有关科威特条目中的一些内容引自该书，此外，一些学术论文中也有类似的情况。

　　距离该书首版已过去近十年，科威特在各个领域都有了飞速的发展和变化，为配合"一带一路"建设，中国社会科学院科研局和社会科学文献出版社于2013年初联合启动"列国志"丛书的修订再版工作，希望把这套丛书打磨成真正起到"向导""参考""桥梁"作用的精品。当社会科学文献出版社来电征询可否参与这项工作时，我欣然接受。我作为原著作者，有不可推卸的义务和责任对该书进行修订补充，与时俱进讲好中科友好故事，满足读者更新更高的要求。

科威特与中国的文化关系及前景

萨阿德·艾纳泽

（科威特文化艺术文学国家委员会图书展览司司长、科威特国际书展主席）

科威特与中国的文化合作就像与其他阿拉伯国家的合作一样，仍需要更多的努力和工作。实际上，这与两国政治、经济关系密切相关，而"一带一路"倡议对于两国文化交流有着巨大的好处，科威特人民期待着能够对中国、中国人民和中国文化有更多了解。

2017 年 8 月北京国际图书博览会期间，艾纳泽（右2）做客中国国际电视台（CGTN）阿语频道。

文化合作中的挑战

过去，阿拉伯文明与中华文明的交流有着光辉的历史，这对促进科威特与中国两国文化合作作出了积极贡献。但是，双方合作仍然面临一

2017年8月北京国际图书博览会期间，艾纳泽（右3）到访五洲传播出版社（thatsbooks）展位。

些困难和问题，虽然两国已成功解决了其中一部分：

第一，汉语比较难学，在科威特知识分子中难以普及。

第二，依赖西方媒体与认知形成的大众文化视野，导致了以下问题：

（1）传播歪曲的形象，造成阿中双方对彼此的错误理解、认知空白、关系复杂化。研究员穆罕默德·贾拉勒说："（认清）中国与阿拉伯世界的关系及其未来在国际关系中的角色，需要明确反对国际敌对势力蓄意扭曲混淆中国形象的企图，他们试图其在阿中关系中制造分歧、怀疑、矛盾。"

（2）使得一些中国人对于中东地区产生了一些错误印象，因为西方媒体将中东地区定义为动荡地区，认为其相关问题复杂不可解决。

第三，文化与媒体合作薄弱，这与经济、传统友好关系水平不符。

第四，研究中国传统文化的阿拉伯专业研究人员太少。

2017年11月科威特国际书展期间，艾纳泽（左5）到访 thatsbooks 阿语数字阅读平台展位。

努力方向与解决方案

第一，通过多种方式扩大两国文化交流，包括：

（1）在各大机构与文化人士之间促进信息、文献、思想的交流。

（2）推动文化交流和语言学习。

（3）在对等机构之间举办研讨会和联合会议。

（4）为研究员和专家建立大型数据库，创建由不同领域思想家、研究人员、专家组成的工作组。

（5）在两国分别建立文化中心和汉语、阿拉伯语教学中心，在各个领域和专业为彼此提供更多奖学金。

（6）鼓励双方图书互译活动，使科中两国的知识分子、文学家互相了解对方文化。

第二，通过参与文明对话和合作，应对"文明冲突"，努力削弱西方在世界的霸权。

第三，重视双方媒体多元化：媒体不仅影响国家层面，还对地区和国际层面造成影响。媒体报道反映双方政治、经济、社会和文化的发展，加深了双方的相互了解。

科中文化关系前景

在参加 2017 年北京国际图书博览会期间，我接受《今日中国》杂志专访时，谈到了科中文化合作的前景。现摘选相关内容如下：

《今日中国》：在国际出版方面，是否有让双方从中受益的成功经验？

萨阿德·安泽：我们重视参加这个书展，学习它的各种经验。这个书展并不依靠直接销售，而是合约交易、经验交流、中国与世界各国的重要出版社负责人会面。谈到"一带一路"沿线国家从这些经验中获得的裨益，我想说，科威特是率先签约支持这一倡议的国家之一，我们由此开辟了科中文化合作新的前景。希望在下届科威特国际书展上，这些前景和轮廓能得到明确体现，我们将与参展的中国兄弟一起，为两国合作项目奠定基石。

问：正如您所提到的，科威特是率先与中国签署"一带一路"合作文件的国家之一。这一倡议会在两国出版领域产生什么样的积极影响？会为国际出版领域带来哪些机遇？

答：这一倡议对于文化层面必然带来裨益。文化是社会活动中不可分割的组成部分，如果抛开我们自己或其他社会的文化背景，很难谈及政治或经济。这一倡议没有忽略文化或将它边缘化，而是以建设性的方式加以强调，这不仅对于科中如此，而且对所有"一带一路"沿线国家都是如此。我们知道，中国政府鼓励文化合作，给予资金支持，充分挖

2017 年 11 月，艾纳泽（左 1）见证科威特文化艺术文学国家委员会与 thatsbooks 签约。

掘各种潜力；其次，这个倡议一定会成为"一带一路"沿线国家和中国出版交流的成功倡议，我们希望该倡议成功长久，它将成为世界文化不断发展的基石和典范。

问：科威特人民是否有意愿了解中国和中国人民的生活？

答：这是毫无疑问的。我们现在关注中国，有志青年们很关注中国经济的图书，了解中国这条巨龙如何腾空出世，而中国文学也大受欢迎，拥有众多读者；许多科威特民众都收看 CGTN（中国国际电视台）节目，《今日中国》杂志也得到很多知识分子的关注。不过说实话，这些对于中国的关注仍然处于初期阶段，科威特民众对中国的了解不多，我们渴望并期待，这种了解——无论是对中国或中国人民的了解——能增强、不断加深。我们与中国兄弟一起进行多领域的合作，其中包括出版。就像我说的，我们正为未来大型的文化项目奠定基石，因此将产生有效的实质合作，这种合作也将成为中国在阿拉伯地区合作的典范。

问：您能否谈谈科中两国在出版方面的合作前景？如您所知，中国五洲传播出版社建设了一个名为"thatsbooks"的网站，向大众提供电子阅读服务，您怎么评价这种合作模式？

答：我们与中国之间有合作倡议，在图书交流方面有多项共同的工作。之前在中国举办了多次科威特"文化周"和"文化之夜"；同样，在科威特也举办了多次中国文化周和文化之夜；科威特文化艺术文学国家委员会发行的系列期刊中，翻译发表了中国小说故事、文学作品。这种合作将持续下去，并成为中科和整个地区建设性合作的典范。我们当初了解到"thatsbooks"项目时非常惊喜，为此特意邀请中国兄弟来科威特访问，与他们合作，免费提供图书支持这个项目。这个项目漂亮、精彩、卓尔不凡，是中国的一个好倡议。

2018 年，在"中科经典和当代文学作品互译出版项目合作协议"框架下，双方各自将翻译出版对方 25 种图书，总计 50 种图书。为此，我们达成了协商机制、成立了工作组，与五洲传播出版社进行协调。

科威特国民议会在 2018 年 2 月 8 日批准了有关加快对外文化关系发展的政府提案，其中包括与中国的合作。该提案明确要在科威特建立中国文化中心，政府为此提供一切便利措施。3 月 3 日，中国文化中心揭牌，该中心将致力于加强两国人民之间的文化交流，深化经贸合作，同时，两国未来还将举办各种文化周来加强文化关系。

科威特短篇小说发展简述
——《穆妮拉：科威特短篇小说精选》代译者序

蔡伟良（中国阿拉伯文学研究会会长、上海外国语大学阿拉伯语系教授）

　　短篇小说作为一种文学形式在科威特并无太长的历史，阿拉伯文史学家们均认为，科威特作家哈立德·穆罕默德·法勒基创作的《穆妮拉》是该国的第一部短篇小说。《穆妮拉》问世于1929年底，当时是发表在《科威特》杂志上的，分两期连载。哈立德·穆罕默德·法勒基因这部短篇小说而成为科威特乃至整个海湾地区短篇小说的创始人。

　　从上世纪20年代开始至今，经过科威特几代文学家的努力，科威特短篇小说无论其情节设计，还是叙述的艺术性，或是其对社会进步而言而拥有的现实意义，都一点也不逊色于其他阿拉伯国家的短篇小说。

　　科威特短篇小说的几代人，以其文学创作生涯和作品的内容、创作手法等清楚地勾勒出了科威特短篇小说80年的发展轨迹。

创始的一代

　　科威特短篇小说创始的一代主要指20世纪20年代初至30年代中以哈立德·法勒基为代表的作家群，他们的出现，以及短篇小说在科威特的首次亮相，应该说是社会发展的必然，是呼吁社会改革、呼吁文化复兴的改革派力量战胜拒绝接受新事物、恪守传统的保守派势力的结果。

　　上世纪20年代初，现代化已经叩响了科威特的大门，文化层面上

《穆妮拉：科威特短篇小说　　　　　　　《穆妮拉》阿拉伯文版封面
精选》中文版封面

的新生事物接踵而至，如现代概念的学校被建成——莫拜利基耶学校
（1911年）和艾哈迈迪耶学校（1921年）；国家图书馆的落成（1922年）；
文学俱乐部的成立（1924年）。与此同时，报纸杂志，尤其是埃及报
刊的引入，为科威特了解外部世界打开了窗口。这些"新生事物"的出
现，为同属于"新生事物"的短篇小说在科威特的登陆作了有益的铺垫。
1928年《科威特》杂志的问世，直接为短篇小说构建了亮相的平台，
就在该杂志创办的第二年，它刊登了由科威特诗人哈立德·穆罕默德·法
勒基创作的短篇小说《穆妮拉》。

　　《穆妮拉》叙述的是一个科威特妇女的悲惨遭遇，作为科威特的第
一部短篇小说，它所叙述的故事在题材、内容及意义之重要性上是不言
而喻的。穆妮拉——小说主人公的悲剧并非个案，而是极度无知和愚昧

所致，而无知、愚昧的根源则是闭锁、保守和落后的社会。作家对穆妮拉悲剧的描述，其目的就是通过揭露落后社会导致的家庭悲剧，呼吁社会改革。虽然《穆妮拉》是科威特的第一部短篇小说，但是无论故事情节处理还是作家的创作手法都非常老道，它的问世为科威特短篇小说日后的发展开了一个好头。

复兴的一代

科威特短篇小说复兴的一代主要指上世纪 40 年代中期至 50 年代末活跃在文学舞台上的一批作家。"复兴的一代"的命名，不仅仅是因这一代作家肩负着振兴科威特文化的重任，另一个更为直接的原因是，这批作家的早期作品大多发表在一本名为"复兴"的杂志上。

就当时而言，《复兴》杂志的言论是比较进步的，科威特的许多早期改革家如阿卜杜·阿齐兹·侯赛因、艾哈迈德·阿德瓦尼、哈姆迪·拉吉布、阿卜杜拉·宰克里耶·恩萨利等都曾在这本杂志上发表过文章。如果说《科威特》杂志为科威特引入了短篇小说的概念的话，那么，《复兴》杂志就是科威特短篇小说发展的重要支柱。以法迪勒·赫莱夫、法赫德·杜威利为代表的"复兴的一代"作家在《复兴》杂志上发表的短篇小说达 64 部之多，从而迎来了科威特短篇小说问世后的第一个高峰。这些短篇小说均以科威特民众的生活为创作题材，通过小说情节的艺术化渲染、小说人物栩栩如生的刻画与描绘，形象地展示了那一时期科威特的社会风情，同时也无情地揭露了因社会封闭、文化落后、经济衰败而导致的种种时会弊端。

至 50 年代初，科威特已有好几本杂志如《拉伊德》《凯齐米》《人民》《信仰》《指导》《先驱》等热衷于发表短篇小说，从而进一步刺激了它的发展。应该说科威特短篇小说之所以能在上世纪 40 年代末至50 年代末这一时间段内迎来一定规模的快速发展，这些杂志是功不可没的。更让人感到欣慰的是，正是在这一时期，以海伊法·哈希姆为代表的女性作家的作品在科威特文坛崭露风采。她们的作品在揭露男权社会统治下的"悲惨女性"方面更为深刻，笔触更加犀利，充分展示了那一时期科威特的"女性自觉"与强烈的反抗意识，其代表作品首推海伊法·哈希姆的《可怕的报复》。

60 年代作家群

60 年代作家群主要指 20 世纪 60 年代初至 70 年代中期的作家。

1961 年科威特独立，1962 年科威特宪法颁布，1963 年科威特第一届议会选举。60 年代初在科威特发生的一系列重大事件无一不向世人宣告，科威特作为一个政治上独立的国家存在，已经不同于以往任何历史时期。随着政治的独立，触及社会方方面面的改革接踵而至，科威特凭借其丰富的石油资源，正从贫困落后向富裕繁荣迈出第一步。60 年代作家群亲身经历了这一史无前例的社会变革，对社会进步、文化开放充满了希望。正是在这一大环境下，科威特短篇小说迎来了又一个发展的春天。以苏莱曼·夏式、苏莱曼·哈里菲、伊斯马仪·法赫德、阿卜杜·阿齐兹为代表的这一代作家通过他们的作品，将科威特短篇小说的创作艺术进一步推向成熟。正是在这一代作家的努力下，短篇小说作为一种文学的艺术载体，不仅被大众所接受，更重要的是，这一代作家在进行短篇小说创作的过程中，更加注意展现短篇小说的艺术含量，如语言修辞的提炼、创作手法的多样化、故事叙述的艺术化等。例如，苏莱曼·哈里菲、苏莱曼·夏式的作品就十分注重小说人物的刻画，作者往往成为隐身人，故事情节的推进完全靠小说人物的言行和心理活动的描写来完成，这种"复调式"故事叙述，使情节渲染更富立体效果，更能引人入胜，更能使读者融入小说情节之中，从而在情感上与小说人物产生互动。

第四代作家群

科威特第四代作家群主要指自 20 世纪 70 年代中期至 90 年代末发表作品的作家。在这约四分之一个世纪的时间段内，科威特成功地完成了她的第一次复兴。正是在这个时期，科威特在丰富的石油资源的支撑下，经济迅速崛起，一跃成为世界最富裕国家之一。显然，人们的物质生活在高速发展的经济作用下可以得到改变、得到提升，然而，精神、文化生活是不可能像物质生活那般在短时期内得以改变的。这种文化发展相对经济发展的滞后也体现在科威特的文学生活中。70 年代之后，尤其是整个 80 年代科威特在经济上的腾飞促成了社会的对外开放，但是，令人遗憾的是，宽松的社会氛围并没有促成文学的快速发展，此时，不仅成名作家不多，而且，小说创作在艺术上也没有较大突破。从作品表现的主题来看，虽然在某种程度上讲号准了社会变革的脉搏，如相对较有成就的作家穆罕默德·麦斯欧迪·阿吉米、塔利布·拉法伊、纳塞尔·佐菲利、贾希姆·穆罕默德·夏姆里、瓦利德·拉吉布等，他们的作品或描绘新时期的心理叛逆，或是对沙漠、城市生活双重感受的经验叙述，或将触点延伸至中产阶级，着力刻画他们面对社会剧变的困惑等，然而，这些作品的思想性显然不够深刻，较有影响的作品很少。尽管如此，值得一提的是，这一时期的女性作家颇为活跃，其中最受欢迎的就有莱伊拉·奥斯曼、法蒂玛·优素福·阿里、莱伊拉·穆罕默德·萨利赫等，她们的作品大多涉及女性问题。

如果将上世纪 90 年代末以后发表作品的科威特作家视为该国第五代作家的话，那么现在活跃在科威特文坛上的正是这一批新人。他们大多在本世纪初发表自己的短篇小说集，如易斯塔卜里格·艾哈迈德、米斯·哈立德·奥斯曼、梅·希拉德、柏茜梅突·翁齐等。尤其值得欣慰的是，柏茜梅突·翁齐还获得了 2007 年科威特短篇小说国家鼓励奖。这批新世纪年轻作家在文坛的亮丽登场，使人们对科威特短篇小说日后在艺术上的进一步成熟充满了希望。

《探寻更广阔的空间——科威特当代小说选辑》是由科威特著名杂志《阿拉伯人》为纪念创刊 50 周年于 2008 年 1 月编辑出版的，主编是穆拉赛勒·法利赫·阿基米博士。这部小说选共收录了包括科威特第一部短篇小说《穆妮拉》在内的各时期较有影响的短篇小说 47 篇，从中不仅可以了解到科威特短篇小说发展的轨迹，更可以领略到这一不同寻常国家的短篇小说的艺术风采。

这部小说选的翻译是由上海外国语大学东方语学院阿拉伯语系的陈杰教授、周放副教授和张雪峰、刘磊博士合作完成的，我作为这一学科的带头人，审稿和改稿是我的职责。让我感到欣慰的是，这四位青年教师的阿拉伯语功底是深厚的，两种语言的转化能力也是较强的，衷心希望他们能通过更多的翻译、科研实践，多出成果，为繁荣中国的阿拉伯文学研究、阿拉伯伊斯兰文化研究作出更大贡献。

（本文原载《穆妮拉：科威特短篇小说精选》，宁夏人民出版社2011 年 1 月版）

科中关系：半个世纪的软外交历程

哈桑·阿卜杜拉·焦哈尔（科威特大学政治学系博士）

哈米德·哈菲兹·阿卜杜拉（科威特大学政治学系博士）

阿里·阿卜杜·萨姆德·达什提（海湾科技大学新闻系博士）

科威特与中华人民共和国的外交关系已走过 47 个春秋，在政治、经济、文化与新闻领域均建立了独特的双边合作。2017 年 3 月 22 日，科威特驻华使馆举办建交纪念大型活动，当时贵宾云集、高朋满座，充分反映了两国关系的深度与重要意义，也体现了双方加强并发展双边关系的决心。

科中关系是当代国际关系中令人瞩目的独特典范。双方在国土面积、人口密度、经济力量、军事结构上截然不同，在政体结构上也存在差异。中国是世界上绝对的人口大国，人口数逾 13 亿；而科威特居民数约 120 万，属人口小国。中国国土面积为 960 万平方公里，科威特仅 1.8 万平方公里。中国是世界第二大经济体，2016 年国内生产总值达 11 万亿美元；而科威特尽管拥有丰富的石油储量，依然属相对较小的经济体，2016 年国内生产总值为 1330 亿美元。中国是世界核俱乐部成员之一，也是安理会常任理事国，而科威特则是新生国家，1961 年才获得政治独立。最后，中国是社会主义国家，科威特则是立宪酋长国，实行议会制，议会由选举产生，有立法权，并监督政府行为。

虽然中国与科威特之间存在着巨大差异，但在自 20 世纪 60 年代以来的漫长岁月中，两国关系从未出现任何分歧或倒退，这表明了双方对持续合作、多样化合作的真诚意愿，也说明两国在政治立场、相关利益等诸多问题上的观点相互一致。科威特驻华大使赛米赫·伊萨·焦哈尔·哈亚特如此形容两国关系："我们认为46年积极并充满建设性关系的历程，是这一特殊关系生命力与活力的最好证明。我们相信，科威特与中华人民共和国领导人的殷切期望，以及彼此对未来继续深化双边关系的重视，将使这一伙伴关系朝着更宽、更广的领域发展，为两国及两国友好的人民带来福祉。"中国驻科威特大使王镝也同样表示："科威特现已成为中国在中东地区的主要伙伴。过去46年里，两国关系在各合作领域均取得长足进展。两国领导人的关怀与两国人民的共同努力下，实现了诸多成就。我们对取得的成就感到十分欣慰，并将不断奋进，与科方务实合作，推进双方关系深入发展，在未来取得更多进步。"王大使还指出，"双方在地区与国际事务上的看法有着高度契合，中国政府对科威特在处理地区问题时所采取的英明、公正的政策表示赞赏，它体现了科威特领导人在外交和政治上的睿智。"

在如今国际上动荡纷争不断、少数大国试图霸凌小国的背景下，科中两国的坚实关系可谓当代典范，为世界各国互相尊重、维护主权的和平共处原则奠定了牢固的基础，无疑也为世界安全与和平注入了新内涵。

科中关系历史

我们有必要首先回顾一个中国与科威特的历史关系、合作领域与形式，以推进更多合作，树立这一典范关系的成功模式，并在地区、大洲与国际层面广泛推广。

本文研究科中关系半个世纪以来的发展。1965年，时任科威特财政商务大臣、已故埃米尔谢赫贾比尔·艾哈迈德·贾比尔·萨巴赫访华；同年，中国国际贸易促进委员会主席南汉宸回访科威特，鉴于共同的政治观点与经济利益，两国奠定了外交关系的第一块基石。

1965 年 2 月 13 日，中华人民共和国主席刘少奇会见来访的科威特财政大臣谢赫贾比尔·艾哈迈德·贾比尔·萨巴赫。

　　这一历史关系在多个合作领域取得了显著成就。随着两国经济关系的稳步提升，双方在双边贸易、工业投资领域展开合作，科威特经济发展基金会在华投资了多个发展与基建项目。同时，双方关系朝向多元化发展，政治互信不断加强，在国际组织中的互动协调增多。科威特一贯支持"一个中国"政策，为 1971 年中华人民共和国重返联合国提供了政治与经济支持。同样，1990 年科威特遭伊拉克占领时，中国政府坚决支持科威特捍卫主权与独立。政治互信使两国开启了新的、广泛的合作空间，从经贸领域延伸至文化、新闻、艺术交流领域，并签署了多份安全协议，中方应科威特需求向其提供军事装备。最近，双方这一多元、稳固的合作机制再添重彩，双方建立了全面伙伴关系，科威特作为"一带一路"合作文件首个海湾签约国，成为这一伟大倡议下建立的亚洲基础设施投资银行的创始成员国。

本文从国际政治相互依赖理论及其在政治新闻等广泛领域的"软外交"实践手段出发，探讨了科威特与当代世界大国之一——中华人民共和国之间典范关系的动因。

从科威特方面来说，其外交政策遵循积极中立、赢得友谊、增强国际实力、与世界各国建立广泛多样的关系网的方针。科威特身处地区三角地带，伊朗、沙特、伊拉克三足鼎立，竞争激烈。科威特必须与其强大的邻国构建平衡关系，并在更广泛的国际范围内拓宽这些关系。

安全问题，特别是国家生存问题，在外交中具有重要意义。中国是世界首要大国之一，拥有的政治、经济与军事实力可以保障其盟国的安全与全世界和平。基于这一战略考虑，尽管当时世界正处于冷战胶着阶段，各国分属美国、苏联为首的两大阵营，科威特依然成为第一个与中国建立外交关系的海湾国家。此举有着明确的使命：寻求外交政策的多样化平衡，对象包括国际舞台上角逐激烈的安理会常任理事国。

纵观中国政治史，我们足以相信这个国家可以成为友好的盟友，她爱好和平，不恃强争霸、欺凌弱国。与多数强国不同，中国从未有过殖民他国的历史，正因为如此，她被视为国际社会中的"大哥"。中国近期在诸多阿拉伯问题特别是巴勒斯坦问题上的立场，以及中国与阿拉伯世界广泛坚实的以相互尊重主权、平等、维护领土完整、坚持和平共处、不干涉别国内政、互利共赢为基础的关系，都证明了她是科威特强大、可靠的盟友。

从双边角度说，中国对 1990 年伊拉克入侵科威特的立场、对科威特权利的捍卫、援助科威特战后重建工作等，形成了良好的政治条件，保障了双边贸易合作稳固开展，双方在多个领域内签署了共同协议。2015 年，科中贸易额达 110 亿美元，将两国关系推向近年巅峰。科威特发展基金对华投资项目数十个，贷款总额近 10 亿美元；科威特在中国各大银行、企业、工厂的金融投资收入超过 100 亿美元。近年来，中国企业在科威特的建设项目也呈现扩大趋势，数量近 70 个。

另一方面，中华人民共和国正在努力打造全新的大国形象，这有别于那些试图称霸世界、扩大势力范围、控制别国的超级强国形象。中国不走传统殖民主义军事占领、发动战争的路径，而是利用软外交、经济实力、贸易竞争力等方式赢得盟友，开拓国际市场，避免陷入可能会威胁地区安全与世界和平的任何形式的冲突与争端之中。

而且，中国依然属于发展中国家，这一点也让发展中小国和新兴国家感到十分放心，愿意在软政治框架内与之建立合作，务实开展贸易往来、文化合作，并在国际事务，特别是安理会中得到外交保护。

中国幅员辽阔，人口稠密，居民总数逾 13 亿，是世界第一人口大国。她迫切需要保障对原材料特别是石油的需求。几十年来，石油一直是中国现代工业的命脉，也是中国经济不断发展的一个关键因素，而科威特等海湾国家则是中国能源的重要战略供应来源。2015 年，科威特对华石油出口量实现了 35% 的历史性增长，出口总量达 1400 万吨，创两国关系史上的新高。

科威特与中国之间的独特关系清晰印证了上世纪 70 年代罗伯特·基欧汉与约瑟夫·奈提出的经济相互依赖理论。该理论取代了"冲突与武力"学说，从现实角度出发考量国与国之间的相互需要，而非国家的规模与实力。因为在多数情况下，战争与仇恨并不能满足需求，即便是美国与苏联这两个超级大国也不例外。

经济相互依赖论的范畴不断扩展，构建了当代国际关系的新维度。在多媒体与互联网等现代交互技术影响下，民间交流无论在官方渠道还是非官方渠道都出现了新模式，这一切预示着全球开放时代，即所谓的全球化时代的到来。戴维·米特兰尼针对此提出了现代功能主义的观点，主要讨论软外交与多媒体技术，以及政治领导人影响力在加强国家间关系上的作用。

本文最后部分将展示科中关系在经济、政治、文化、安全等不同领域的成果，以阐明经济相互依赖原则。不过，从广义上说，相互依赖的形式并非仅局限于经贸领域，而是全面覆盖了各类双边合作形式，甚至可以作为地区协调或是国际协调的核心。从这一点上说，我们有必要了解中国软外交的不同手段与渠道在实现其外交目的方面的效果，并对软外交推动两国双边关系的作用进行评价。此前的一些研究已经注意到：中国需要有效发挥符合其政治经济规模、符合其日益提升的国际地位的软外交手段与渠道，但此研究还需进一步深入，对科中自 1971 年正式建交以来的发展史进行考察。

研究意义

当前，地区政治极化现象升级，中国影响力不断提升，贸易自由与经济全球化趋势加剧。另一方面，地区局势持续升温，也门、叙利亚、伊拉克问题突出，中东和平进程受挫。在此背景下，中国采用软外交手段，以更加务实、更具平衡的战略，致力于构建与中东国家在文化、民间、经济、军事等领域的战略伙伴关系，倡导"去世界一极化"的政治主张，拒绝陷入任何地区争端与冲突中。

本研究以戴维·米特兰尼等学者提出的国际关系现代功能主义理论为指导。该理论以不同方面的民间外交为核心，讨论其对于加强国家间互信与合作的作用，进而强调必须增加影响国家间双边关系的两大重要因子，即民间外交（People to People Diplomacy）与新闻社交媒体。前者体现在文化、思想与旅游层面，后者则有助于推动两国关系，并向对方国家传播本国文化，影响其舆论。

科中关系历史发展的研究综述

尽管科中交往已久，两国在政治、军事、安全、经济、民间等各领域均建立了友好关系，但对此进行学术研究甚少。究其因，主要是两国各自在此领域的专家学者为数不多，对其进行专业研究或给予关注的研究中心与战略研究机构有限。目前，国内仅有少数几个机构承担科中关系问题研究，如科威特大学社会学系的亚洲问题研究中心，该中心已发表两篇关于科中关系的重要论文。

在第一篇论文（2011 年）中，穆罕默德·赛义德·萨利姆回顾了科威特与亚洲新崛起的大国——中国之间半个世纪的关系史。论文自科威特已故埃米尔谢赫贾比尔·艾哈迈德·萨巴赫 1965 年访华的历史背景谈起，内容包括 1971 年两国正式建立外交关系、中国在推动国际社会承认科威特 1961 年独立中所发挥的作用、两国在此阶段签订的一系列重要协议，最后是中国在 1990—1991 年伊拉克入侵科威特期间为推进国际决议、恢复科威特合法地位所持的积极态度。此外，该论文还附有一份两国各级官员互访的详细记录。

萨利姆阐述了科威特与中国在军事、能源、投资、共同经济项目等不同领域的各类型合作，描述了科威特阿拉伯经济发展基金会对中国若干发展项目给予的支持。他在论文结语部分指出：科威特应该引进中国技术并实现技术落地，应加强文化与学术合作，并以阿中合作论坛为载体，推进科威特与中国、海合会与中国的集体对话机制。

在新近一份综合研究（2015 年）中，阿努德·萨巴赫以前瞻性视角讨论了科中关系的发展，并阐明两国关系的五大支撑因素：

1. 政治因素

回顾双方的政治外交关系史，再看今天的两国关系，可以看到科威特始终支持中国的领土完整，且中国与海湾合作委员会也建立了集体对话机制。

2. 经贸因素

作者回顾了两国间的经济贸易发展历程，历数了双方共同项目的投资额与投资规模，包括科威特阿拉伯经济发展基金会对华贷款额：1982—2014年期间，该基金会对华投资总额达2.8亿科威特第纳尔（合10亿美元）。

3. 能源因素

中国是科威特石油的第三大进口国，两国间能源合作的形式主要为国际开采、能源多样化、能源共同项目，如中国广东炼油厂建设项目。

4. 军事与安全因素

主要体现在1995年科威特与中国签署第一份军事协议、1998年中国同意向科威特出售价值1.865亿美元的军事装备。

5. 民间因素

萨巴赫指出，科威特通过语言教学、学生访学、在科威特大学社会学系成立亚洲研究中心等方式，着力加强与中国的文化关系，并充分利用中国领导人的软政治，以加强民间文化关系、发挥媒体与教育的作用、促进正确理解伊斯兰，并在学术和文化研究领域开展共同合作。

作者还阐述了中国在伊朗核问题、叙利亚冲突、也门争端等问题上的立场及其对科威特和海合会国家的影响。在文末，她前瞻性地指出，科威特有能力在中国对中东地区的政策中发挥核心平衡作用，尤其是在对大国及地区强国如伊朗、土耳其、埃及、沙特的关系上。作者预测，通过经济、发展、能源等项目，科威特与中国之间各领域的合作关系将不断增强。

从政治层面看，已有多位科威特高官对华进行访问。首脑级访问如

1965 年已故埃米尔谢赫贾比尔·艾哈迈德·萨巴赫访华，2014 年现任埃米尔谢赫·萨巴赫·艾哈迈德·萨巴赫在首相及多位大臣陪同下访华。此外，双方还签署了多份协议与谅解备忘录。

从经济层面看，2014 年两国经济交易总额达 133.4 亿美元，比上年增长了 9.6%，科威特成为中国石油与天然气的主要供应国之一，同时也从中国进口成衣、家具、电子产品、家畜、食品等。

从文化层面看，双方在 1982—2013 年期间签署多项协议与谅解备忘录，科威特也在中国多座城市举办了文化展、文化节与文化周活动。

功能主义理论与软外交视角下的科中关系

本节以功能主义理论为指导，讨论科中关系的实际情况、中国软外交在科中关系中的实践，研究新闻媒体在中国软外交中的作用，并从民间与文化层面、经济与能源层面、军事安全与政治层面的深厚历史与现实来回顾科中两国关系。

理解科中两国关系，可以传统功能主义理论和新型功能主义理论为指导。二战后，英国学者戴维·米特兰尼提出了功能主义的基本观点，主要讨论导致战争与实现和平的因素、国与国之间构建信任的方式。该理论认为，社会与经济的失衡是导致战争的主要原因，而二者的健康活力则是实现并巩固和平的第一要素。

米特兰尼建议创立功能性的国际组织，先以解决特定范围内的相关问题为出发点，再逐渐发展到国际合作领域，并以"形式服从功能"原则为基本点。无论国家还是政治集团，仅凭一己之力是无法解决和应对各种经济与社会问题的，因此，必须通过这类组织寻求国际合作，加强利益联结。

软外交是中国现代对外政策的一部分，特别是在经历了冷战、朝鲜战争、南海争端之后尤为如此。中国外交在过去十年里实现的总体快速发展与其软外交手段和民间政策密不可分，这也是其经济与政治转型的表现。中国的软政策主要有三个目的：一是树立中国"重视国民利益"的国家形象；二是表明中国有能力在政治与经济改革领域采取重要行动；三是展示中国在国际社会中的"可靠伙伴"形象，表明自己有能力服务世界和平。

软外交的一个非常可信的根据就是民间外交，即非政府组织与机构在拉近各国人民关系、构建互信桥梁、为实现合作与政治互补做好前期铺垫中所发挥的作用。中国在对外政策中遵循和平自主原则，旨在维护国家独立、主权完整、领土安全与统一，坚持从中国人民与世界人民的根本利益出发，坚持国家间的一切冲突与分歧应通过协商的和平方式解决，拒绝诉诸武力或威胁使用武力，不以任何借口干涉别国内政。此外，中国对外实行全面开放政策，致力于在平等互利的基础上广泛拓宽与世界各国进行贸易往来、经济合作、科技合作、文化与学术交流的渠道。

1996 年以来，中国通过外交政策的共赢战略来运用其部分软实力，这一政策主要运用在文化、外交、意识形态以及处理与大国关系的政治方式上。基于其悠久的历史积淀，中国着手推广其文化、电影制作、旅游产业，还有中医，通过上述方式以及参与多边组织，坚持"说服打动"，拒绝强迫接受，不断扩大本国的对外吸引力。

除了运用精英阶层的"高层"软实力，中国也利用"低层"软实力，即与最广泛的基层民众打交道。"软实力"概念的运用在中国学者、新闻工作者、官方人士当中已经普遍流行。2012 年 11 月召开的中共十八大强调，必须推进文化强国建设，将其作为软政治中的根本支柱，保障人民利益与文化权利。另外，早在 2006 年，上海公共关系协会副会长就发起了"弃龙"运动，倡议以熊猫代替龙作为中国的形象标志。

有效的公共外交，正如有效的公共关系一样，其成功需要具备三大要素：对产品的认知、对产品销售市场的了解、销售能力。在这一框架下，中国的媒体必须主动推广其文化、意识形态和经济增长模式，积极打造中国的对外形象。

媒体通过在国内外推广宣传中国政策，介绍中国立场，传播中国意识、中国文化、汉语，对中国的软外交发挥了积极作用。中国需要用心经营其国内国外形象。执行这一任务的机构有：中共中央宣传部、国务院新闻办公室、外交部新闻司、新华社、中国国际广播电台（CRI）、《中国日报》（China Daily）、中央电视台（CCTV）等。CCTV 以多语播放电视节目，包括英语、西班牙语、法语、俄语、阿拉伯语，使其成为"软"战略下最重要的中国文化传播渠道之一。此外，中国还在全世界建立了 504 家孔子学院，以传播中国文化、教授汉语。世界首家孔子学院于 2004 年在韩国首尔揭牌。

科中关系的层次

根据功能主义理论的"低—中—高"三个层次，结合中国软政治需求，科威特与中国的关系模式可分为三个层次：（1）文化、新闻与学术交流层次；（2）经济交流层次，包括石油与能源交流；（3）政治层次，包括官方访问、安全与军事合作。

两国关系史如前文所述，始于 1965 年时任科威特财政大臣谢赫贾比尔·艾哈迈德·萨巴赫首次访华，与中国高层官员会晤，了解中国在领土完整问题上的立场，并说明科威特当时对台湾的态度。

1965—1968 年期间，两国派出大量官员相互访问。鉴于科威特的政治重要性，中国十分希望与其建立外交关系。1971 年，科威特与中华人民共和国正式建交，从而开启了两国间多领域合作，尤其是经贸、文化、军事合作的广阔前景。

1974 年 3 月 10 日，周恩来总理会见来访的
科威特国民议会议长哈立德·萨利赫·古奈姆。

自那时起，两国在多领域内签署了大量协议与谅解备忘录，如
1966 年、1989 年签署的经济合作协议、技术合作协议，相应地，在
1990 年伊拉克入侵科威特后，中国支持科威特捍卫主权，对安理会解
决科威特问题的所有决议均投了同意或弃权票。

1. 文化、新闻与学术交流层面

这是中国软政治的一部分，特别是在民间层面。两国贯彻了一系列
计划、方案、协议，以加强"民对民"（People to People）政治，这
体现了功能主义理论中"搭建互信桥梁""构建中高层合作"的观点。
这一层面的交流形式囊括了各种协议、合作议定书，合作领域广泛，包
括了卫生、教育、科研、可再生能源、文化、新闻、艺术、体育各部门。

2. 经济与能源层面

中国经济在过去 30 年里实现了快速增长，年均增长率保持在 8%—9%。她还保持着世界第一大外汇储备国的地位，她的商品以其价格竞争力令其他工业大国焦虑不安，这些均为两国建立经济贸易关系网奠定了基础，包括对能源产业、炼油厂、石化工业的共同投资。

1969 年，两国签署了第一份中国从科威特进口化肥的经贸协议。1982 年，科威特阿拉伯经济发展基金会向中国提供首笔贷款，价值约 1400 万科威特第纳尔。至 2014 年，科威特对华提供贷款总额约 2.8 亿科威特第纳尔。

中国是世界第二大石油进口国，科威特十分重视与中国建立能源领域的战略伙伴关系。2005 年，科威特石油公司在中国开设第二家分公司。科威特对华投资项目多集中在石油领域，两国在石油与能源领域建设了多个共同项目，如中国东海岛的炼化一体项目，其投资总额约 90 亿美元。

中国也是科威特对外贸易的主要伙伴之一。自上世纪 70 年代初两国建立外交关系以来，双方贸易额呈稳定上升趋势。两国签署了多份经贸协议，如 2010 年《广东省炼化一体项目建设备忘录》、2004 年《科中石油合作协议》、2014 年《亚洲投资银行基础建设投资备忘录》、2014 年《科威特石油部与中国国家能源局石油合作协议》、2014 年科威特非洲投资总局与中非发展基金签署的《非洲投资合作谅解备忘录》。

3. 安全、军事与政治层面

根据功能主义理论观点，该层次是国家关系中的最高层次。该层次可能与前两个层次平行发展，也可能是民间层面与经济层面努力的结果。它包括军事、安全合作与政治立场的协调，也包括高层官员的互访。在此框架下，中国与科威特之间的官方访问始于 1965 年时任科威特财政大臣谢赫贾比尔·艾哈迈德·萨巴赫访华，也就是说，始于两国正式建

2009 年 5 月 10 日，中国国家主席胡锦涛会见来访的科威特国埃米尔谢赫·萨巴赫·艾哈迈德·贾比尔·萨巴赫。

立外交关系之前，科威特强调在国际上支持中国领土主权与统一；2009年科威特埃米尔谢赫·萨巴赫·艾哈迈德·贾比尔·萨巴赫访华，两国关系再添辉煌。同样，两国建交后中国对 1990 年伊拉克入侵科威特的行径表示谴责，并支持联合国关于科威特恢复其合法权利的一切决议；1991 年后，中国为扑灭科威特油井大火及科威特战后重建工作作出了积极努力。

在军事领域，科威特与中国签署了若干协议，规定两国军方人员定期互访，中国向科威特提供科方所需的中国先进武器。2011 年，中国海军舰队访问科威特，以加强两国间军事交流。2014 年 6 月科威特首相访华期间，双方签署了 10 项协议，其中部分协议内容为军事与安全合作开辟了道路。

此外，两国还一同加入或参与了一系列亚洲、国际组织与论坛，如东南亚国家联盟、东盟地区论坛、东盟—海合会论坛、亚洲合作对话、上海合作组织等，这些组织的成员国之间有着密切的经济、政治、国防、安全联系。

总之，科威特与中国关系的中高层次范畴已得到蓬勃发展，这主要是通过平衡贸易往来、石油与能源交换、科威特方面提供投资贷款，以及两国之间军事合作与高层领导互访等方式。但是，根据现代功能主义的实践观，诸如与文化、教育、旅游等民间外交相关的第一层次范畴，尚需要更多、更有力的支持与扶助，以更好地发展科中关系。

软外交与科中关系前景

近期一份田野调查对科威特社会关于科中关系在新闻、文化、旅游、经济、政治各领域情况的看法作了取样，通过问卷形式了解公众对科威特与中国各领域关系的认知程度和对两国间合作的历史积淀的熟悉程度。研究结果总体表明，科威特社会具有开放性，对中国十分重视，有极其浓厚的兴趣通过旅行、国内媒体、社交媒体等渠道了解中国政策和中国文化。这说明科威特公共舆论对于两国在政治、贸易等官方层面的双边关系有较高默契，另一方面也表明了科威特人民与软外交手段进行互动的可能性。

在上述研究所取得的科威特舆论数据中，有几点非常值得关注，这有利于我们弥补科中关系在官方与民间两个层面的不足，使这一独特的关系日臻完善。这几点民意倾向主要表现在：

（一）尽管两国双边关系在政治、经济、文化各层面已十分稳固，但中国软外交的"全貌"或者说中国软外交在科中关系中的实践尚不清晰。其原因可能在于两国关系经历了很长一段历史时期的建设积淀，形式传统、渠道官方，而大部分科威特人，无论男女，无论其教育背景、政治背景如何，尽管他们关注中国，但对于中国的政治并未形成清晰的视野。可以说，就中国对目前阿拉伯问题与危机的官方立场，他们持中立态度。

（二）可以说，中国软外交对于科中关系走向的影响力较为有限。例如，大部分科威特公民对中国都持有积极看法，尊重中国文化，也有兴趣到中国旅游或经商，他们十分关注中国的新闻，特别是文化报道；但是与此同时，他们也觉得中国驻科威特使馆在实践现代软外交，如传播中国文化、推介中国旅游项目、吸引科威特学生到华留学、推介中医治疗上举办的活动较为有限，多为展览、研讨会、新闻渠道或是社交媒体。

（三）调查结果并未证明软外交对两国在政治、经济、社会领域的关系有直接影响，由于两国政府间协议下建立的重大项目，由于石油在两国贸易中所占据的中心地位，以及中国产品在科威特市场上的价格竞争力，两国的经贸关系影响胜于政治、文化关系。

（四）青年、女性、低教育水平者对中国政治立场的理解与接受最为消极。上述社会群体应成为软外交手段的重点关注对象，可通过新闻艺术类节目与社交媒体实现。

结语

中国拥有大国的政治、经济、军事特征，是世界格局中的强国；另一方面，她也具有发展中国家与新兴国家的特征，这使其与发展中国家的人民更加亲近。中国是热爱和平的国度，政治立场中立，她的历史加强了她在诸多国家与人民心中的正面形象，阿中关系总体而言可根据这一战略观构建。中国政府是阿拉伯问题尤其是巴勒斯坦问题、战后民族独立权利的最大支持者之一，它对所有阿拉伯国家均保持平等的政治关系，也是许多阿拉伯国家的主要贸易合作伙伴。随着以美国为首的西方对中东地区关注度下降，中国最有可能成为战略替代方填补这一空缺或参与其中。

科中关系长期以来在各领域联系密切。中国是科威特上世纪 70 年代以来向东亚开放的门户，而科威特则是中国自冷战结束、科威特从伊拉克占领中解放后，全面完善与海合会国家外交和经济关系网的主要通道。

向东看政策是科威特与其他海湾国家的重要战略选择，随着双方经贸指标的攀升、中国石油进口量的增加，以及对石油与能源产业的巨额投资，向东看政策的总体面貌已逐渐明晰。

科威特与中国的政治经济关系坚实牢固，科威特人民与中国人民有许多共同点：包容友好、爱好世界和平、对外开放。前述的调研结果显示，科威特非常重视中国，对科中两国的稳固关系有着广泛认知，渴望进一步加强两国之间的文化互信，尤其是在新闻领域。

另一方面，就中国目前对阿拉伯问题的政策，尤其是在巴勒斯坦问题、叙利亚危机、也门危机等热点问题上的政策，科威特人持有不同看法。这说明科威特人民对中国的官方立场尚持观望态度。不过，大多数科威特人明确表示媒体与使馆的文化推介活动能力有限，无论是在阐明中国的政治立场，或是推动民间外交上，尚未满足多数第三世界国家发展这一新战略的强烈需求与重要实践。

尽管科中之间在地域、人口、经济资源方面有着天壤之别，但两国利益有着重大契合点，需要在双方各自的战略框架下继续深化，而科中关系战略性发展的最主要形式就是发挥中国软政治的作用。本文研究表明，科威特舆论对这种软外交秉持有高度开放的精神。

绘画架起中科友谊的桥梁
——在科威特办画展纪实

秦百兰（中国书画艺术研究院名誉院长，著名画家）

　　我是一个坐在轮椅上的女画家，从小受到祖国传统文化的熏陶，喜爱京剧和绘画。18 岁时，我在一次体育活动中脊柱受伤，导致双下肢神经障碍。伤残改变了我的生活，却为我打开了另一扇门，我拾起儿时的爱好，开始中国仕女画的学习和创作。通过研究和传承中国画的传统绘画技法，经过数十年的努力，我已创作了一大批以中国历代名女和神话故事、古典名著为题材的作品。特别是 1995 年，我参加了在中国北京举办的联合国第四次世界妇女大会，我的 7 幅画被组委会选入《中国古代名女年历》画册，分发给来自世界 190 个国家的妇女代表。我还在大会上举办了画展和艺术表演，受到各国代表的好评和赞誉。之后，我不断收到许多国家文化部门和艺术团体的邀请，到国外举办画展。至今，我已在美、俄、法、德、意、加、澳、巴西等将近 60 个国家举办过中国画展。其中，我先后去过埃及、约旦、叙利亚、摩洛哥、阿尔及利亚、科威特六个阿拉伯国家，伟大的阿拉伯文化给我留下了难忘的印象。2011 年，我的画展被文化部作为中科文化交流项目，参加了在科威特举办的中科建交 40 周年中国文化周活动。这次画展是我人生中最为难忘的一次画展和经历。至今，那段美好的时光仍然犹在眼前。

回顾科威特画展之缘

2011 年 3 月 1 日，我到首都北京参加每年一次的全国政协会议。期间，文化部外联局亚非处的两位同志专程来到文艺界委员下榻的北京国际饭店看望我，商谈把我的画展列入中国与科威特文化交流项目的想法。到科威特去举办画展是我多年的夙愿，我当即欣然接受。"两会"结束后，我立即开始了认真而积极的准备工作。

不久，我接到了来自中国驻科威特大使馆文化处王宝义参赞的电话，他详细询问了我作品的有关情况，让我发去我的艺术简历和参展作品的名称目录、尺寸、图片和文字介绍，以便用于向科威特文化部门推荐、预定画展场地、为作品作阿文翻译、制作画册和宣传资料等。很快我就得知，我已受到了科威特文化部的邀请。我国文化部对外展览中心负责这个项目的陈老师也与我联系，要我提供设计制作宣传海报的作品图片和我的简介。

4 月 23 日，我与助手李响携带装满参展作品的画箱由家乡辽宁省锦州市启程，乘坐 5 个多小时的汽车来到北京首都机场。24 日上午，我们和文化部对外展览中心带队的陈老师等人会合，一行四人登上了飞往科威特的航班，经过 10 个小时的飞行，当天下午（当地时间）顺利抵达科威特首都科威特城。王宝义参赞和科威特文化部的朋友们捧着鲜花在海关迎接我们。

我的科威特画展

我们被安排住在市中心一座环境优美的五星级酒店的豪华套房。第二天我们随王宝义参赞到中国大使馆，受到了中国驻科临时代办潘志南的接见。当晚，科威特政府为我们举行了隆重的欢迎仪式和招待宴会。布展工作持续了一天多的时间，在我们一行与我使馆文化处人员和展厅科威特专业人员的合作下顺利完成。4月26日晚上，我们参加了隆重的中国文化周开幕式。

4月27日，名为"花·域"的画展在科威特艾哈迈德·阿德瓦尼画廊举行了隆重的开幕式。

我们到达展厅时，展厅外面的贵宾室和观众休息室里已经有一些科威特嘉宾和观众提前到达，他们热情地迎上来与我握手和打招呼。展厅的透明大玻璃门前摆放着高大的绿色植物和鲜艳的花篮，宽敞明亮的展厅中央竖立着两国国旗，靠近大门的墙壁上悬挂着大幅的彩色宣传海报和印有我照片的碧绿过渡底色的中阿文画家简介。桌子上摆放着中国大使馆印制的中阿两种文字的精美画册。画册的封面上是我画的飒爽英姿的杨门女将穆桂英，里面选用了20余幅我的作品。展厅周围的墙上展出了40余幅装裱好的我的中国画，多为中国历代名女和历代经典故事里面的人物，如宋代女词人李清照、汉代女文学家蔡文姬、明代才女邢慈静、唐代文成公主，巾帼英雄花木兰、穆桂英、梁红玉、樊梨花，以及古典名著《红楼梦》人物故事金陵十二钗、黛玉葬花，神话故事嫦娥、精卫填海、龙女牧羊等在天花板上明亮的灯光照射下，显得古朴典雅、美丽壮观，展现了中国文化的独特魅力。

科威特文化艺术委员会秘书长阿里·尤哈和中国驻科威特临时代办潘志南为画展开幕式剪彩，科威特外交部亚洲司司长穆罕默德·米吉林等科政府官员、文化界知名人士、艺术家，当地华侨华人和中资机构代表及科威特观众近200人出席。阿里·尤哈秘书长在画展现场接受新华社记者采访时说："您能来到我们的国家举办画展使我深感荣幸，我非常高兴能有机会欣赏如此精美的作品，这些作品充分展示了中国艺术家的伟大创作和独特视角。您以热情的心绘出的美好作品，把我的心带到了中国。"他说，文化交流是国与国交往的重要内容，也是加深两国人民相互了解的最有效方式之一，希望这样的交流活动越来越多。王宝义

王宝义参赞用阿语向科威特文化艺术委员
会秘书长阿里·尤哈介绍秦百兰的作品。

参赞介绍了我的事迹和绘画作品，希望画展能促进中国与阿拉伯国家之间特别是妇女之间的交流。阿里·尤哈秘书长代表科威特文化部向我赠送了一个放在黑色漆盒内的镀金挂盘：外圈宽边内刻有科威特许多标志性的彩色建筑、圆心内刻有一艘金色的远航帆船，象征着科中两国人民之间的友谊跨越了遥远的大海，正在扬帆起航。我和潘志南代办郑重接过这一珍贵的礼物，并将我画的一幅寓意"知音"的仕女画《听琴图》赠送给阿里·尤哈秘书长，以象征中科两国人民之间的友谊如琴瑟和鸣，世代友好。

我向嘉宾简略介绍了自己的每一幅作品，以及作品背后的故事。阿里·尤哈秘书长和嘉宾们跟随我沿展厅转了一圈，认真观看和听取了我对作品的介绍和王宝义参赞流利的阿语翻译。他们对这些作品中的中国历史故事表现出浓厚的兴趣，不时提出一些有关画法、丝绸的用法、人物的年代、故事情节等各类问题。参观完毕，我在展厅中央为阿里·尤哈秘书长等科威特嘉宾和观众画速写肖像，人们围绕着我观看，有些人还排起了长队。相机闪光灯在周围闪烁，气氛活泼而热烈。每画完一幅，大家都对照画像，说太像了。当我为一位科威特女孩画速写肖像时，女孩的父亲用手指着女儿的高鼻梁说：太像了！不用打格就能画得这么准！在与观众的热情交流中，画展一直持续到深夜。科威特国家电视台对我进行了现场采访。科威特多家媒体进行了报道。

一位科威特妇女给我送来了一枝美丽的科威特兰花，亲自为我别在胸前。由于我的名字中有一个兰字，所以平时我就特别喜爱兰花。这科威特的兰花是天蓝色与白色交融，花朵很大，花瓣翻卷，有一种浓郁的花香，是我见过的兰花当中最漂亮的，这独特的兰花不但美丽，还代表了科威特人民的友好情谊，让我爱不释手！

连日里，许多科威特观众前来展厅参观，他们认真地欣赏作品，对照中国大使馆文化处在每一幅画旁粘贴的阿文作品简介标签仔细地阅读，以了解画中的故事。有一天，我遇到许多科威特小朋友前来参观，和这些活泼可爱的小朋友在一起交流真是非常快乐，他们的老师用相机为我和孩子们拍下了一张难忘的合影。为了更好地与观众交流，我经常到展厅去与观众接触，为许多科威特观众画速写肖像。画展获得了科威特各界观众和艺术家们的称赞，我的留言本上写满了热情的留言和赞美之词。他们说，这次展览是一次难得的文化交流，为科威特艺术家提供了欣赏中国传统绘画艺术和了解中国文化的机会。科威特观众的热情和友好及对中国文化的热爱，让我非常感动。

文化交流增进了解

在我驻科使馆文化处和科威特文化部门的安排下，我们参观了科威特国家博物馆等文化设施，游览了科威特城市容，了解科威特的文化和

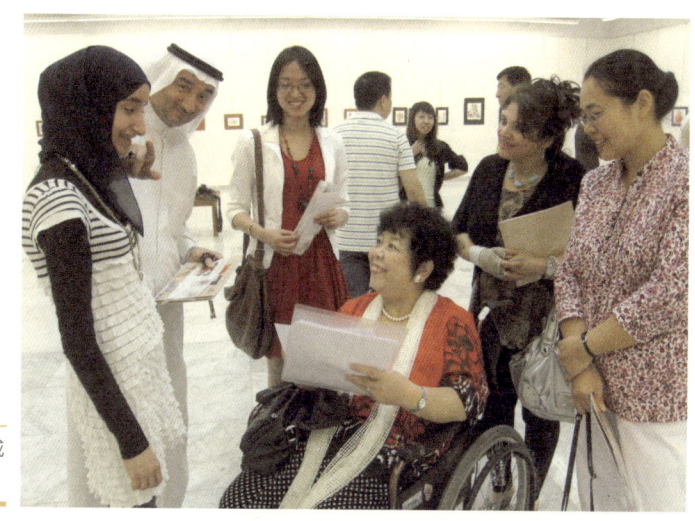

秦百兰为科威
特女孩画像。

历史。我们还来到了科威特画家的艺术创作中心，与他们进行绘画交流。当我看到墙上陈列的有着浓烈异域风情的阿拉伯绘画时，他们对于自然界的领悟、色彩的运用、人物内心的准确表达让我非常震撼，肃然起敬。我与十多位科威特艺术家交流绘画技艺，互赠画册，互相了解不同的绘画工具，并当场共同作画，互相学习提高。我还应他们的要求当场挥毫泼墨，画了一幅写意的中国古代仕女图，赠送给他们的工作室。我们还用各自不同的工具、不同的画法，为对方画出风格不同的画像，气氛活跃愉快。科威特艺术家们的独特画技给我留下了深刻印象，为我的绘画提供了很多有益的借鉴。他们为我画的画像，我也非常珍惜并永久珍藏。我们还留下了许多一起创作、共同工作的难忘的合影。

记得有一位30多岁的小伙子曾专程找到我入住的饭店，并带来了他拍摄的高像素的我的画展作品的照片。他细心地用笔记本电脑一张一张点给我观看，照得非常清晰和漂亮。他还给我看了电脑上保存的他的作品的图片，原来他是一位年轻的画家和摄影师。他对我作品中的写意

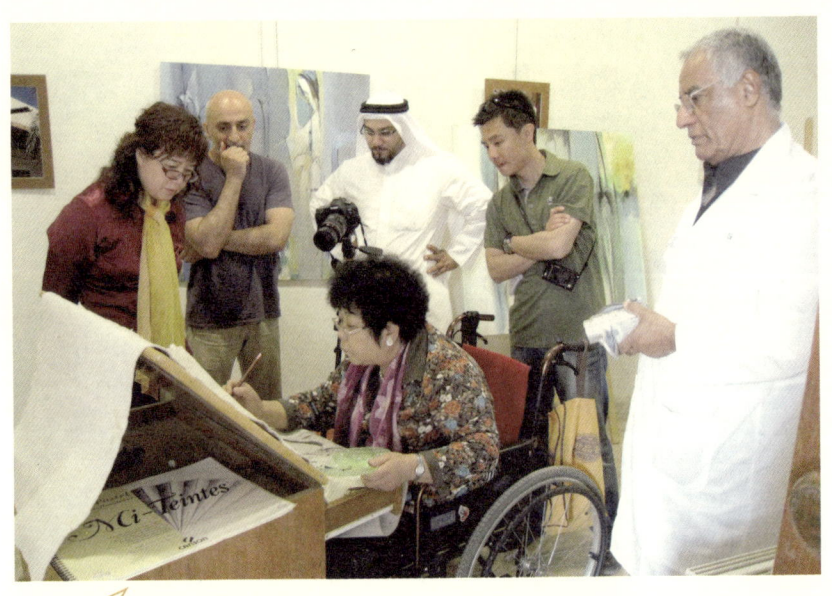

秦百兰与科威特画家交流，现场画中国画。

画技法很感兴趣，希望了解水墨的渲染效果是怎么形成的。我向他介绍了中国写意画专用的生宣纸及其渲染特点，还有墨汁和水分的多少和用笔的快慢会产生不同的变化效果。他觉得很有趣，希望以后有机会到中国去学习。

在酒店的餐厅里，我有时会遇到一些观众热情地跟我打招呼，与我合影、请我画像。我的单线条人物速写速度很快，可以在一到几分钟时间内，用飞快的线条抓住人物的容貌特征，准确勾勒出一幅人物的肖像，很受欢迎。我利用空闲时间为饭店、餐厅的服务人员和遇到的科威特友人义务画像，为大家留下了许多难忘的纪念，也增进了相互间的友谊。看到他们开心的笑颜，我的内心也充满了快乐。

秦百兰女士与科威特小朋友在一起。

友谊之花永开心中

短暂的画展虽然只有一周时间，却让我喜欢上了这个国家和这里的人民，我也获得了科威特政府、艺术界、观众和中国大使馆的高度赞誉。回国前夕，我向科威特现代美术馆赠送了一幅《宋代女词人李清照》，以表达我的心意。回国以后不久，我收到了王宝义参赞转寄给我的一份来自科威特现代美术馆的收藏证书和一封科威特文化部的热情洋溢的感谢信，信中感谢我为增进科威特与中国文化的相互了解和两国人民间的友谊作出的积极贡献。

虽然我们两国远隔重洋，虽然转眼间已经过去了七年时间，但科威特这个美丽而富饶的阿拉伯国家的古老文明、这个现代化石油国家的美丽风光,那些具有伊斯兰风格,令我目不暇接、心旷神怡的摩天大楼,美丽的海岸线,馆藏丰富的国家博物馆,那位于市中心的装饰豪华的阿拉伯世界伊斯兰艺术杰作——皇家清真大寺、法蒂玛清真寺,那热情友好善良的科威特人民的淳朴民风,有着轮廓分明的如雕刻般的漂亮五官的科威特人,特别是有着明亮大眼睛和高高鼻梁的温和漂亮的科威特妇女、活泼可爱的儿童,都给我留下了永远难忘的记忆。就连偶遇的一次瞬间的沙尘暴,也使我印象深刻。我会永远想念科威特,想念那里的朋友们!如果有机会,我愿再一次前往科威特,看望亲爱的朋友们。衷心祝愿中科两国和两国人民的友谊之花永远盛开在我们的心中!

我的中国之旅

穆罕默德·安瓦尔·布纳希（阿中友协联合总会青年事务处秘书长）

开端

在好奇心和求知欲的推动下，我于 2004 年初开始了中国之旅。我登上了举世闻名的万里长城、探索阿拉伯人经常提到的各种古迹和历史记载的最古老的人类文明。随着年龄的增长，我了解到越来越多的中国文化和哲学，心里的好奇越发强烈。实际上，当我 1999 年开始寻找中国古籍、徜徉在历史书卷之间时，我的中国之旅就开始了。我曾经爱好中国的体育运动（太极和功夫），也沉迷于研究中国民间医学。在一家青年体育俱乐部，我有幸认识了一位在科威特工作的中国籍功夫教练，我跟他一起练习，经常问他一些关于中国和她的历史、人民、风俗习惯的问题。教练只能说一点阿拉伯语，但他还是试着理解并回答我的问题。16 岁时的我对经商也很有兴趣，自己学着祖辈们的方法通过经商来赚钱。

决定

高中毕业后，我决定去中国留学，以满足我内心日渐强烈的了解这个国家的愿望。事实上，我的这一决定让家人朋友很意外，所有人都问我为什么是中国？！我回答他们：中国是一个伟大的文明古国，拥有灿烂的未来，你们可能只通过"中国制造"的商品了解中国，但我通过对她文化、文明和成就的了解，以及政治分析专家、世界经济学家对它的评价，看见了她的未来。

我终于有机会去往中国，虽然周围没有可以求助的、有经验的亲人朋友。这不仅仅是我的第一次中国之旅，布纳希家族或是我身边的朋友也没人去过中国、在那里学习或是长时间居住，而当时我才 18 岁。

想象

飞往中国的途中，我一个劲地想象着中国的砖瓦房、居民区里鳞次栉比的店铺、路上拥挤的人潮。我想象着，即将降落的机场是什么样的？我怎么办理入学登记和住宿手续？用什么语言交流？他们说英语吗？飞机到达之前，我脑海里冒出了许多问题，想象了若干画面。

飞机刚在广州国际机场降落，我就开始环顾四周，观察曾经想象过的各种场景。机场十分现代化，配有先进的设备，机场员工说着流利的英语，他们指引我去出租车停车场。我把提前打印好的一页纸递给司机，上面用中英双语写着大学的名称和地址。去往大学的路上，我一直在欣赏辉煌的高楼大厦、立交桥、干净整洁的街道和簇拥的花朵。这样的整洁和繁荣让我惊诧——与之前的想象完全相反，没看到红色瓦房和狭窄的街巷。这就是我来中国学习之初的最早印象。

教育

初到中国，我要学习入门汉语。作为学校里唯一的科威特人，班里有来自世界各国的人与我一起学习汉语，我跟来自不同国家的同学成了朋友。通过刻苦学习和与他们的交流，我了解了中国的风俗习惯与文化。在大学里，我见识了中国学生的自律和他们对学习的重视，学生之间竞争十分激烈，优秀的成绩能帮助他们在毕业后得到一份不错的工作。我注意到，有些学生能够连续数小时安静地、不知疲倦地坐在图书馆里、花园里或大树下学习。这真是一个充满学习精神、鼓励竞争的环境。

决心

坦白说，一开始在中国的生活对于我来说并不容易，一切都是全新的，因为有太多的不同，比如语言、相互理解、饮食，并且远离家人和朋友。尽管面临如此多的困难，我仍然热情地去迎接挑战、努力地理解和学习中国文化。最让我受到鼓舞的是周围务实、充满动力的工作环境。我注意到，所有中国人工作都非常努力。尤其让我惊讶的是，我看到有老人一大早扛着装满蔬菜和鸡蛋的篮子在市场售卖。那时我意识到，决心是一种力量，能够增强内心意志，缓解追求目标时的外部生活压力。

智慧

我从中国格言里学到的第一个智慧是"行万里路胜读万卷书"，意思是走几万里路学到的东西比读几万本书学到的更多，也就是说，人从不断尝试与努力中收获经验，从而达到目标。中国人从哲学、古人智慧、经验中学习，开辟自己的未来。比如格言"未雨绸缪"，意为在事情发生之前作好准备，也就是人在口渴、后悔时间已晚之前先挖好井。中国有一句鼓励自力更生的格言："授人以鱼不如授人以渔"，意思是如果你给一个人一条鱼，只能让他吃一天；如果你教他怎么捕鱼，那能让他吃一辈子。众所周知，中国人擅长践行格言、用理智和逻辑权衡事情、作决定前再三考虑。我与中国一些大公司决策层交流时，发现企业扩大规模的决定都是在文火上慢慢成熟，直至愿景变得清晰的。

组织

中国社会的一大特点是，政府和非政府机构均遵循体制和指导方针。我注意到，哪怕在最平常的地方，如商场和餐馆，工作人员在开门营业开始前排成一队，结束营业准备离开时又排成一队——总管或负责人在

布纳希在北京享受骑三轮车的乐趣。

营业开始前会明确每位员工的工作任务和责任，激励他们出色完成工作；营业结束时会感谢员工们互相配合、为工作付出努力，提醒他们明天的日程。

健康

自古以来，中国社会特别是老年人就十分重视健康和养生。我早上5点起床去公园锻炼时，发现青年人、老年人等各个年龄段的人已经开始各种运动。下午下班后，公园里又聚集着一群群的人，他们根据自己的喜好进行锻炼，如跳舞、打太极、瑜伽、跑步等。这种晚间运动缓解了一天的工作压力，让人们放松下来，重新充满活力。中国人通常爱吃鱼肉，果蔬等天然食物，远离快餐。我也受到这些良好的习惯影响，开始注重体育锻炼和健康营养饮食。在倡导健康理念和保健方面，中国与国际社会有着共同点。中国有竞走、马拉松等国际体育运动，我也参加了其中一些。

力量

中国社会深刻认识到凝聚力、彼此合作对于力量建设与维护的重要性。两个中国人可能拥有不一样的财富，但在联合击退任何破坏稳定的势力上并没有什么不同。历史证明了中国人之间的团结合作，他们修建了万里长城，他们保卫国家和领土、建设新中国，他们改变了贫困落后的面貌，增加了生产、收入和实力，56 个民族团结一心，致力于稳定国家政权、提升中国国际地位。中国的政体提升了每个人心中国家的地位，这种价值强化体系带着明确的指引，激励各阶层各民族，从学校学生到高层领导。我经常听到这样的教导，深感中国是我的第二故乡。我不愿意看到身在中国之外、从未在这里生活过、根本不了解中国制度和文化的人指手画脚批评她。

谦虚

中国人绝大多数都很谦虚，他们生来更务实、淳朴、平和。我注意到，中国很多公司高管出行都是用最简单的交通工具，并且跟不同阶层的人相处融洽。很多中国人不喜欢炫耀自己拥有的东西，也不觊觎别人的财产——那不是他们的作风。中国国家主席是平易近人、贴近民众的典范，中国大部分成功人士都是非常谦虚的人，并且越成功就越谦虚。

慷慨

慷慨好客是中国人民可贵的基本待客之道，他们会为客人捧出自己最好的东西。中国文化中的待客之道从沏上一杯家中最好的中国茶开始，虽然有些品种的茶叶价格十分昂贵，但他们认为客人是最尊贵的。我有一些中国朋友，我经常去拜访他们，每次都受到热情款待。有时，我初次拜访一些工厂，也会受到料想不到的款待，他们用各种美食、交通方式和礼物招待我。我从他们身上学到这样的道理：对客人越重视，关系就越能加深和巩固。

参观一家工厂时，我遇到一件趣事：为了了解生产线，我提前约好了参观时间。抵达时，他们开着一辆豪华汽车来火车站迎接我，直接把我送到工厂。我一进工厂大门，就注意到挂在门上的科威特国旗，国旗上用阿语写着"欢迎"（只不过首尾颠倒了）。他们的热情让我受宠若惊。让我意外的是，他们用阿拉伯咖啡和椰枣款待我。我问他们这些是哪来的，他们说是工厂老板去沙特出差时买的，他想用阿拉伯的传统习惯来招待阿拉伯客人。

机会

中国人重视抓住和把握机会，他们知道机会或许会来，但一旦错过，就不会再有第二次。因此，他们十分重视抓住机遇，随时准备迎接机会。通过学习工业制造，加上精明的管理，中国实现了繁荣并将贸易扩展到世界范围。这一机遇来临时，世界消费力正在不断增长，需要寻找成本低廉的产品来满足需求，实现进步。中国准确把握机遇，在全国投资建设了很多工业基地，带动整体经济发展，使国民生产总值保持快速增长。当时我在中国生活，有机会去参观这些工业城市，看到各种生产线并观摩其生产工艺。

一身中国古代将军
装束的布纳希

创新

自古以来，中华民族就是一个善于创新的民族，人民根据需要创造更好更先进的生活。我们知道，火药、烟花、造纸、印刷、丝绸、中国船、针灸、民间中草药等都是中国人民的发明创造。最伟大、最著名的要数万里长城，我们很难知道中国古人是如何按照计算和测量数据完成建造的。中国人民拥有无穷的聪明才智，他们懂得如何满足自身需求，提高生活水平，过上美好生活。直至今天，创新理念仍然激励着中国人民。不管是管理需求、还是完善提升方面，中国人总有创新的生活。自新中国成立以来，中国人民在马克思主义的基础上，发展出了许多适合中国人的规范和手段，并将它们称为"中国特色社会主义"。中国特别鼓励青年勇于创新，认为创新是国民进步的灵魂、国家发展繁荣的源泉。

在中国的城市街区和农田里，我发现了很多从没有见过的新奇工具和机器，作为满足生产需求的一种手段。中国国家主席习近平鼓励青年不断创新。在《习近平谈治国理政》一书中，他提到生活并不属于因循守旧的人，指出青年是社会中最有活力和创造力的群体，应该引领创新，坚定决心，解放思想，与时俱进，发现、探索和开辟前进的道路。近年来，阿里巴巴、华为和许多中国公司带来了一系列技术和思想创新，并实现了越来越广泛的传播。作为一名外籍人士和寻求知识的学者，我观察事物十分仔细，并从中国人创造的思想中受益匪浅。见识到越来越多的创新后，我对创新发展的认识不断深入，为祖国和世界建设一个创新未来的志向不断充实，这成为我人生使命的一部分。

激励

中国人重视相互激励，因为激励是一种刺激、推动发展进步的手段。在向高峰攀登的尝试之后，有些人半途感到懈怠，这时，激励作为催化剂和推动力，让他相信自己有能力登顶，实现美好生活的梦想。但这个梦想必须通过集体行动得以实现。中国人通过电视、广播、工作圈和学校的早间集会听取各种激励和训导。毫无疑问，这些鼓励的话语增强了人们的自信心，提升了他们的个人行为，增强了他们创造历史的使命感。通过激励，人民意识到天上不会掉馅饼，幸福不会自己从地里冒出来，梦想不会自己变为现实！

因此，中国人民心怀迈向光明美好未来的伟大梦想，并不断努力去实现它。这一梦想来源于中国的古老文明，所有的中国人都为这一文明感到骄傲，希望古文明的脚步追赶上未来的发展成就。通过中华文明的发光点实现中国梦，使其走向未来，不仅有利于中国，也有利于世界，有利于每个与这一伟大文明接触的人。通过对丝绸之路的研究，我意识到，回归传统文明并从中受益为我们指明了未来的方向。

发展

中国在各方面都实现了令人瞩目的快速发展，如基础设施、建筑、教育和社会等。从 2004 年初来到中国至今，我感受到诸多迅速的变化。当看到现代化高楼林立的新城市，我会寻思：旁边的大楼是什么时候建好的？地铁隧道是什么时候完工的？中国主办的奥运会和国际会议等活动促进了相关场馆建筑施工效率的提高，同样的效率提升还体现在桥梁和地铁站建设、楼房重建和道路清扫上。活动结束后，这些成就也一直存在，并不时加以发展。有些活动虽然持续不超过 7 天，但对城市建设和商业发展的促进作用之后仍然存在，并为城市居民带来利益。我参观了其中几个这样的城市，真的让我目不暇接。

社会

中国社会尊老爱幼，人们通过家庭的纽带紧密联系在一起。每逢节假日和周末，亲戚间会彼此串门。用美食款待客人、相互交流是家庭文化的传统之一。最重要的聚会时间是中国农历新年，家庭成员互相问候，祝贺新年事业有成、身体健康、财源滚滚。一些人还会彼此赠送一个叫作"红包"的红色信封，里面装着一点钱，意在表达重视，传达对生活美满幸福的祝愿。

志愿者工作

正如前面提到的，中国社会各群体相互依存，不管是顺境或逆境，社会发展的本质是促进各族人民的凝聚融合。这一特点催生了志愿者工作。国家组织的志愿者活动对中国人的影响根深蒂固，他们从小就开始参加这类活动。据中国志愿服务协会统计，全国志愿者注册人数超过6300万。

众所周知，为了周密组织、呈现最佳状态，中国主办国际会议和活动需要付出大量的精力。我经历过的最重要活动有 2008 年北京奥运会，当时的志愿者人数有近 50 万；2010 年广州主办的第 16 届亚运会，在大量学生志愿者的参与下取得巨大成功——当时我是科威特代表团的志愿者。特别让我骄傲的是，参加亚运会开、闭幕式的亚洲奥林匹克理事会主席是谢赫艾哈迈德·法哈德·艾哈迈德·萨巴赫，他来自科威特。

友谊

"比亲兄弟还亲"，这是中国朋友之间引以为傲的一句话。中国人看重朋友的忠诚，整个社会崇尚友谊，鼓励建立并维护友谊。社会向孩子灌输了很多关于朋友如何重要的观念，随着孩子的成长，这些观念在他们的内心更加根深蒂固。我看过一些中国的儿童故事书、卡通节目、电视剧、电影，其中都强调朋友在生活中非常重要，朋友之间讲究真诚、奉献。在国家层面，中华人民共和国积极搭建与世界各国友谊的桥梁，从而促进各领域合作交流，为各国人民带来福祉。

中国建立了友好协会，并通过各项倡议将彼此连接起来。2006 年阿拉伯中国友好协会成立，在苏丹喀土穆设立秘书处。此后，科威特—中国友好协会成立。我加入了该协会，希望为增进两国友好作出贡献。2017 年，在"中国阿拉伯青年友好大使联欢——中阿青年对话会"上，我被推荐为阿中友好协会青年事务负责人。我很荣幸能担当这份责任。

布纳希（左）与科中
友协主席尤素福

星星

所有成功的团队都有它的"星星"，每一个成功的组织都有一支成功的工作团队。中国的团队就是中国人民，中国的成功就是人民的成功。中国国旗是红色的，是烈士鲜血的颜色，他们为捍卫中国大地壮烈牺牲、付出生命。五颗星星就是人民：四颗星星分别代表着工人、农民、小资产阶级和民族资产阶级，最大的星星代表肩负领导责任的中国共产党。

自然风光

中国拥有如画的自然风光，而古老的文明和众多遗迹更为其增光添彩。论国土面积，中国在世界排名第四。在中国期间，我访问了北、东、

布纳希在北京出席第五届中阿友好大会。

西部多个省份和城市，最后定居南方。桂林是我去过的最美丽的旅游城市之一，一排排小山像蘑菇一样耸立在宽广的水面上。这个美丽的旅游城市气候宜人、草木葱茏，还有繁华的购物和餐饮街区。这里鬼斧神工的美丽山峰还被印在 20 元人民币的背面。

丝绸之路

最后我想说，谈及中国的文化、价值观、历史、发展历程，几本书都写不完。以上提到的这些方面，只是我的中国经历的一部分，只是我从中国的隐形宝藏中获得的点滴。我的中国之旅还在继续，这条路很长，从一开始我就下定决心要走完这条数万公里的"文明之路"。

中国提出的"一带一路"倡议是最高水平的世界级倡议。振兴古代文明、彰显文明精粹并加以弘扬，需要大家共同努力、坚定决心、不断行动，将想法付诸实践，创造出伟大成果。我们应该坚持合作共赢，让中国人民和各国人民共享成功成果，创造更好的生活。我们要弘扬丝绸之路精神，通过建设性对话实现和平。"一带一路"建设有利于科威特、中国以及阿拉伯和有关各方的互惠互利，推动经济一体化。自古以来，建设丝绸之路就将我们连接在一起，科威特和广大阿拉伯国家与中国是"丝绸之路"的天然合作伙伴。

在埃米尔的英明领导下，我的祖国科威特重视经济社会发展，愿真主保佑英明的政府长久、顺利。最后，祈祷崇高伟大的真主保佑每个人安康顺利，保佑科威特、友好的中国和其他友邦国泰民安。

科威特华侨华人的故事

王　波（新华社前驻科威特首席记者）

在富绰的海湾石油国家科威特，生活和工作着 5000 多华侨华人，他们在这个与中国传统文化和生活习俗迥异的阿拉伯国度里默默打拼奋斗着。他们活跃在科威特商业、医疗卫生、教育、体育、文化、基础设施建设等各个行业和领域，在实现自我奋斗目标的同时，为科威特经济繁荣和社会发展，特别是中科友谊的延续和发扬发挥了重要作用，谱写了一篇篇平凡而真实的动人故事。

中科友好的"民间大使"

32 年时光，使馆的外交官换了一茬又一茬，而他却还在这里，为科威特华侨华人公益事业和中科友谊默默耕耘。他就是今年已 72 岁高龄的科威特华侨华人协会主席董泰康，被赞誉为中科友好的"民间大使"。

科威特国家不大，面积相当于北京市，而且在科华侨华人数量也远不如其他阿拉伯国家，但科威特华侨华人协会成立很早，且因其积极开展活动，形成一定影响力而享誉海湾地区。这其中，很大一部分功劳要归于董泰康。

1987 年，来自上海的董泰康受聘于香港远东家具公司，到科威特任经理。后来，董泰康辞职，在科威特独立经商。

"当时，在科威特的华侨华人不到百人，大家都感到很孤单，希望

董泰康主持南海问题座谈会。

有个组织将大家凝聚起来，互帮互助。"董泰康回忆起当时成立华侨华人协会的初衷。

他说，1997年初，在中国时任驻科威特大使张志祥的指导、支持下成立了海湾地区第一个华人社团组织"科威特华侨华人协会"。他被推选担任会长至今。

在过去20年时间里，科威特华侨华人协会在董泰康带领下，团结各界侨胞，配合使馆工作，积极开展活动，为华侨华人排忧解难，活跃他们的业余生活，化解了华侨华人远离祖国和亲人的思乡之情。

特别值得一提的是，在2003年伊拉克战争中，作为美军进入伊拉克通道的科威特受到萨达姆导弹袭击的威胁。在使馆领导下，董泰康带领华侨华人协会一班人有条不紊组织侨胞备战和撤离，使他们平安度过这场战争。2008年汶川地震发生后，董泰康组织华侨华人为灾区捐款献爱心。近年来，董泰康领导的华侨华人协会又成立了中文学校，免费教授华人子弟和外国人学习汉语和传播中国传统文化。2016年底，不满足于已取得成绩的董泰康组建了华侨华人协会华夏艺术团。

他说："与其他形式相比，民族和国家间的文化交流更加深入人心和源远流长。我希望华夏艺术团不仅在科威特展示中国文艺的精彩绝伦，今后还要走出科威特到海湾其他国家去展示。"

为科威特政府决策机构做智囊

来自中国上海东海水产研究所的陈卫忠，现在科威特科学院海水养殖和渔业研究所工作。他是目前在该国最高科研机构中供职的唯一一名中国籍科研人员。

陈卫忠说，他的主要工作是对科威特海域的渔业资源进行研究并为政府部门提供管理决策和建议。更具体地说，就是对渔民捕鱼的时间、地点和方法进行指导，以保证科学合理地利用和保护海洋资源。

在科威特工作的十多年中，他主要负责和参与了科威特对虾资源的持续利用和综合管理决策、阿拉伯湾和阿曼湾底层鱼类资源综合调查等十多个项目。科威特政府部门这些年来实施的春夏季休渔政策就是根据他们的建议实施的，这对科威特海洋资源的再生和可持续利用起到了良好的保护作用。

另外，陈卫忠还是该研究所从事数据处理分析的专家。他负责了研究所大部分课题的数据处理分析工作，并热心为本所的科研人员提供有关这方面的各种咨询和服务，帮助他们解决工作中有关取样设计、数据处理和分析方面的各种难题。科威特同事们调侃地称他为他们的"大救星"。

在一丝不苟勤奋工作的同时，陈卫忠还注意不断提高自己的学术水平，积极参加"SAS统计分析系统""渔业生态风险评估"等各种

陈卫忠（左1）与科威特同事在工作中。

专业培训项目，在有关国际专业杂志发表论文十多篇，还多次在科威特和其他国家举行的各种国际专业学术会议上作学术报告。科威特科学院负责人对他的研究工作和业务能力给予了较高的评价，连续多年给予他"Excellent（优秀）"的考评结果。

除了科研工作，陈卫忠还担任研究所刚参加工作的大学毕业生的培训导师，为科威特培养年轻的业务骨干。

由于陈卫忠出色的工作和为科威特渔业资源管理与可持续发展作出的贡献，他所在的研究所不愿让陈卫忠回国，多次挽留并将他的聘用合同续延，希望他长期为科威特效劳。

陈卫忠表示，他愿意在今后的工作中继续更大发挥和展现中国人的聪明才智，为科威特的经济发展和中科两国科技合作贡献自己的微薄之力。

科威特的中国 "110"

在中国，如果遇到麻烦，人们首先想到的是求助 "110"。在科威特，很多中国人把来自中国海南三亚的陈道亮比作 "110"。

陈道亮 1997 年从沙特麦地那大学毕业后应聘到科威特伊斯兰文化中心的中国部工作。他主要负责教授中国人学习阿拉伯语和介绍当地法律法规、宗教习俗。这使他有机会认识很多初次出国但不会外语的中国同胞，同时，也使他成为这些人的 "110"。

陈道亮说，除了为中国同胞充当翻译、找工作、到银行汇款、办理婚丧嫁娶手续和解决纠纷外，这些年他最常光顾的地方就是警察局、法院、监狱和劳动部。他说，中国人经常因出门不带身份证而被警察拘捕。接到通知后，陈道亮需要立即赶到警察局帮助证明被拘人员身份和领人。在过去 20 年中，他跑遍了科威特的所有警察局。

一位来自山东的老中医因在科威特大学门口无照行医遭举报而被警方关押起来。在科威特，无照行医是重罪，将面临被判入狱 15 年的惩罚。陈道亮知道后，准备好老中医在中国的行医执照和公证书找到有关部门进行解释和疏通，最后让这位中国同胞免除了牢狱之灾。

2016 年，一家中资公司的两名中国员工从国内到科威特赴任。由于他们事先对科威特禁酒和猪肉的宗教法规一无所知，所带行李中的多瓶白酒被科威特机场海关人员查获。他们被关押到科威特一家拘留所接受调查。按照科威特法律，一旦被发现故意走私含酒精制品且数量较大，将被判入狱和交纳巨额罚款。陈道亮得到消息后，立即赶往该拘留所，利用其熟练的阿拉伯语和多年来与警方建立的良好互动关系，向他们作了详细的解释工作，使得科威特警方最后释放了这两名中国员工，但他们携带的白酒被没收。

同年，陈道亮还帮助一名来自江苏东海、在科威特当地一家家具厂

陈道亮（左2）接受中国驻科威特使馆聘书。

打工的中国工人成功讨薪4000科威特第纳尔（约合8.4万元人民币），使这名患病的中国工人得以安心回家。

2017年，陈道亮到科威特已整整20年。在过去的20年时间里，据粗略统计，陈道亮至少无偿帮助了2000多名华侨华人。

2016年12月，陈道亮被中国驻科威特大使馆聘为领保联络员。

"中国护士真好"

由于有充足的资金作保证，科威特的医疗条件和设施非常先进，但卫生人才却极度匮乏。现在，在科威特各个医院中工作的医生和护士大多来自其他国家。其中，中国护士也是一支重要力量。来自中国河南的

臧凤（右2）
与科威特同事
合影。

臧凤说，她每天都是在"中国护士真好"的赞美声中度过。

1996 年 11 月，臧凤通过科威特卫生部在中国的招聘考试后，来到科威特医疗水平最高的埃米尔皇家医院工作。她说，由于宗教、语言、文化、风俗等差异，要得到当地病人的认可和尊重是很困难的。臧凤为年老体弱、不方便到医院的病人和在周末假日医院没有门诊时求诊的病人主动提供上门护理和治疗，并拒绝接受报酬。病人们总是在治疗结束后由衷地对她说："中国人真好！"

正是由于她对科威特病人热情周到的服务，促成她与科威特的一个家庭结成了胜似亲人的"家人"的关系，并传为中科民间交往的一段佳话。

纳赛尔是臧凤护理过的一位科威特女病人。一次，她去找臧凤看病，发现她身边带着无人照看的年幼儿子（李海威）。正想找机会回报臧凤一直以来对她悉心照顾的纳赛尔，强烈要求帮助她照顾儿子。于是，纳赛尔经常派她家司机将李海威接到她家居住。纳赛尔一家，包括她妹妹一大家子人，都把 4 岁的李海威当成自己的孩子。他们非常喜欢聪明可爱的"中国儿子"李海威，给他起了阿拉伯语名字"阿卜杜拉"，还经常给他买衣服、玩具和好吃的，带他参加各种家庭聚会，教他说阿拉伯语。后来，能讲一口流利地道的阿拉伯语的"阿卜杜拉"，称纳赛尔为"科威特妈妈"。两家人也越走越近，不分彼此。

但不幸的是，2009 年，纳赛尔因心脏病突发在家中离世。得到噩耗后，臧凤悲痛欲绝，李海威更是因失去"科威特妈妈"而号啕大哭。但两家人的关系并没有因此而中断。纳赛尔的女儿拉蒂法从她妈妈手中接过了接力棒，延续着中科两家人的一家亲关系。李海威也在中科两家人的共同疼爱和关怀中成长为会讲四国语言，并在海湾地区音乐大赛中屡获钢琴和小提琴第一名的少年音乐家。中国人和科威特人都以他为骄傲。他被科威特和周边海湾国家各大媒体广泛报道。后来，拉蒂法生了孩子，臧凤又帮助初为人母的她照看孩子。臧凤像当年纳赛尔疼爱李海威一样对待拉蒂法的儿子优素福，因此，优素福对臧凤充满了依恋，管她叫"中国妈妈"。每次臧凤到他家要离开时，优素福都拽着她的裤腿不让她走，并用带河南腔的中文不停喊着"不走，不走"。

臧凤不仅对科威特病人悉心照顾，对在科威特寻医问药的华侨华人更是有求必应。由于语言障碍和科威特看病难的问题，很多华人，包括中资公司员工和使馆外交官，一旦得病或身体不适，首先想到的就是求助臧凤。臧凤利用自己便利的工作条件，不计报酬、不怕麻烦地为华侨华人找医术较高的医生看病、拿药和做各种检查，节省了他们排队等候和预约所花的时间，解决了他们在国外看病难的问题。

"在国外的中国人都可不易，我对能给他们帮上忙感到由衷高兴。"离家 21 载但乡音未改的臧凤被别人赞扬时总是这样说。

王平（左 2）与科威特队员和同事在国外参加比赛。

为科威特培养体操冠军

在科威特生活和工作超过 20 年的中国人屈指可数，体操教练王平就是其中一位。他 1993 年被中国国家体委派到科威特国家体操队执教，一干就是 6 年。合同到期后，由于他的出色工作和科威特国家队取得的优异成绩，科方希望他能留下继续任教。在 1999 年回国办理相关手续后，王平又回到科威特，这一干又是 7 年。

王平说，在 20 年的执教生涯中，他和其他几名中国教练帮助科威特体操队赢得了各种国际和地区赛事的 150 多枚奖牌，其中 50 多枚金牌。他说，这些成绩的取得，不仅使科威特人扬眉吐气，也为中国人争了光。

在执教的同时，他还不忘向科威特运动员介绍和宣传中国，组织他们到中国集训，让他们亲身体验中国改革开放所取得的伟大成就，为促进中科友谊做一些力所能及的事情。

除了王平，来自天津、教跳水的史玉林和来自沈阳、教乒乓球的潘岩等中国教练，也都为科威特的体育运动发展作出了贡献。

"中国夜莺"唱响科威特

科威特华侨华人人数虽不多，但藏龙卧虎，人才济济。来自哈尔滨、在国际声乐比赛中获得美声唱法大奖的孙璇就是其中一位。

今年33岁的孙璇2012年毕业于哈尔滨石油学院艺术系声乐歌剧专业。她在2011年贝利尼国际声乐比赛北京地区选拔赛中获得第二名，在罗马国际音乐节声乐比赛中并列第二。

当初，刚刚毕业不久并取得了一些成绩的孙璇，为了帮助远在科威特的妈妈经营沙龙，毅然决然放弃了她热爱的声乐事业，来到了科威特。

在初到科威特的四年里，孙璇每日忙于帮妈妈打理沙龙生意，并开了一家华人家庭旅馆，而将声乐梦想暂时藏了起来。

2016年春节，受科威特华侨华人协会春节联欢会邀请，孙璇再次放声歌唱《我爱你中国》。她的声音清脆、明亮，富有穿透力，一下子震撼了在场全体中外观众，获得了雷鸣般的掌声。这次演出又燃起了孙璇对音乐的热情，她将热爱的声乐重新拾了起来。

在这一年里，她与在科的欧美音乐人士排演了百老汇歌剧《理发师Todd》，并在科威特Discovery Mall剧场连演四场，票价每张40第纳尔（约合840元人民币），却场场爆满。孙璇的表演受到了业内人士的高度评价，她被科威特媒体称为"中国夜莺"。

孙璇在演出间隙。

对于未来在科威特的发展规划，孙璇说，她的声乐专业水准并不比西方人差，只是英语是弱项。她说，她今后要多学英语，在科威特找到一份跟音乐有关的工作，比如在学校里做音乐教师。她还计划利用假期到意大利等欧美国家进修，进一步提高她的声乐水平。

如今，孙璇已是一个 3 岁孩子的妈妈。她是在科威特与一位中国同胞喜结良缘的。她还打算办一所音乐学校，教孩子们唱歌、学习声乐。

汉语——时髦的代名词

科威特著名的私立大学——海湾大学日前尝试性开设了汉语课程，没想到受到同学和老师们的热烈追捧和欢迎。他们把会讲汉语当成一件很时髦的事情。

　　由中国中山大学派出担任海湾大学汉语教师的刘惠明在接受新华社记者访问时说，令校方和她本人都没有想到的是，科威特学生对学习汉语有如此大的兴趣和热情。海湾大学于 2016 年年底与中山大学签订了合作办学协议。按照协议，中山大学将帮助海湾大学建立汉语中心，海湾大学帮助中山大学建立阿拉伯语研究中心。但海湾大学开办汉语课程的心情似乎更加迫切，还没等 9 月新学年开始，学校就要求中山大学派出教师提前开班。

　　"起初学校准备开设两个汉语班，但报名人数大大超出预期。很多学生私下里找我，希望能把他们加进去。而且，连校内教授其他课程的教师也报名要学习汉语。学校最后研究决定，再增开两个班。这样，现在共有两个男生班、两个女生班，共计 65 名学生，"刘惠明说。

　　海湾大学校长阿卜杜·拉哈曼对汉语教学在海湾地区的未来发展充满了信心。他希望将海湾大学的汉语中心最终建成覆盖整个海湾地区的国际汉语中心。拉哈曼曾幽默地对刘惠明说："现在汉语在科威特非常时髦，就连家庭主妇都想学两句。"

　　学习会计专业的穆罕默德对记者说："我知道中文很难，但我非常喜欢中国历史和文化，所以我愿意学习中文。"

　　但另一名叫阿里的学生在谈到选择学习汉语的理由时说："中国已发展成世界上最重要的国家之一，特别是经济飞速发展。以后我可能要到中国去做生意，因此必须要会汉语。"

　　"英语、法语很多人都会说，这已经落伍了。如果我能讲汉语，别人会对我刮目相看。"计算机专业的阿卜杜拉学习中文的理由最简单，就是为了炫耀。

　　"每每看到穿着阿拉伯长袍、身材高大的科威特学生在认真地朗读汉语拼音时，我就非常感动。"教男生班的李卓说。

他说，科威特是世界上最富有的国家之一，这里的人过着衣食无忧的生活，学生们学习的刻苦程度比起中国学生要差很多。旷课和请假对于他们来说是稀松平常的事。一名教授法语课的老师曾抱怨说，她的一名学生三次以他的祖母去世为由请假。

但李卓说，他汉语课的出勤率到现在为止都很高，而且曾有一个学生因缺席一堂课而找老师要求补课。

由于汉语课程在科威特受到如此欢迎，海湾大学决定近期再面向社会开设两个汉语短训班。

"以后可能我们的工作会更加繁忙了，但作为中国人，我们为此感到高兴和自豪，这说明中国在国际上的地位真的提高了。"坐在摆满中式家具的海湾大学办公室内的刘惠明向记者描述着她此时的心情和对未来的憧憬。

舌尖上的美食味道好极了
——科威特大虾誉满天下

刘元培 （中国国际广播电台阿拉伯语部原主任）

科威特大虾举世闻名。当地的虾个头硕大，肉质肥厚。我曾数次品尝丰盛的海虾大餐。

海虾用柠檬汁调味

受两个在科威特工作的学生之邀，1999 年 2 月，我在科威特大塔餐厅品尝了一顿海虾大餐。我们落座在窗边，可瞭望大海。一刻钟后，金红色的油炸大虾便被端了上来。学生介绍了当地的吃法，他们说，吃法很简单，剥开虾壳，加点番茄沙司，挤点柠檬汁，就可以了。初次品尝，我感觉味道确实不错，鲜香脆嫩，令人印象深刻。

第二次访问科威特是 2000 年 10 月。当时正值海虾捕捞期，品类繁多的海鲜摆在餐厅入口处，供顾客挑选。这里的龙虾一般长约 30 厘米，重达 1 斤左右。10 分钟后，一盘色香味俱佳的烤龙虾便被端上了餐桌，味美可口，的确名不虚传。

2001 年 5 月，我第三次来到科威特。到饭店后，好几天，没在餐桌上见到大虾，我便问服务员是什么原因，他们解释道，每年 5 月前后的半年间，科威特政府不让捕虾，所以这时吃不到活虾。离开科威特的前一天，饭店大师傅专门找来冷藏虾，做了一道油炸基围虾为我们饯行。

翌年 4 月，我再次来到科威特，饭店每天特意为我们准备了烤大虾、

两位在科威特工作的学生（右1、右2）请刘元培（左2）在科威特大塔品尝大虾。

煎虾饼、虾仁面条等几道海虾饭菜。离开饭店前，我们代表团一行7人前往餐厅厨房，向科威特烹饪大师傅表示感谢。

价格连年上涨

初到科威特的一天，我来到海边的一家渔市参观。一进门，只见柜台上摆放着石斑鱼、梭鱼、黄鱼、平鱼、沙丁鱼等海鱼。旁边便是成堆的透明大虾，它们个个身子硕大，肉质肥厚。

我上前询问价格，一位科威特售货员说："每公斤大虾2个科威特第纳尔（1第纳尔约合3.5美元）。"大门右侧是成筐的大虾，这是批

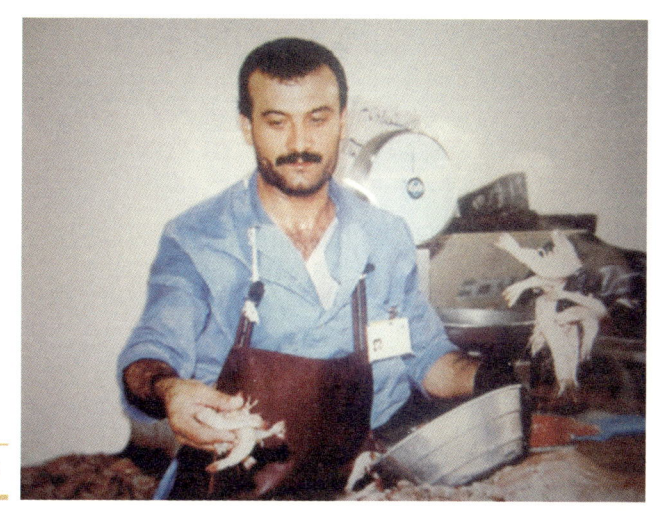

鱼市上出售的大虾

发给小商贩或大饭店的，一小筐 18 第纳尔，一大筐 50 第纳尔。不过，这是 2002 年的价格了，2007 年已经卖到 5 第纳尔每公斤，涨了 2.5 倍。如今的价格肯定更高。科威特渔业资源丰富，大虾、黄花鱼和石斑鱼等年产量 1 万吨左右，产值约 1300 万科威特第纳尔。

听鱼市的科威特经理讲，出口大虾的价格要比国内市场价格高一倍，当时（2002 年）的价格约为 3500 第纳尔一吨，现在不知翻了多少倍。

一些个体商贩为了赚钱，常购进大量大海虾，冷冻后出口。为了整顿市场，当地政府规定，海虾出口商必须持有执照，并定期向有关部门通报出口详情。

雌虾每年产卵两次，分别在 2—3 月和 9 月，一只雌虾每次产卵约 200 个。科威特政府规定，在海虾产卵、孵化和生长期，不准捕捞。有关部门还派直升机和快艇巡逻，一旦发现违规或走私者，便没收打捞器具和捕捉到的大虾，并加以重罚。我曾两次在禁捕期内访问科威特，在海边确实没见过违规捕捞者。

虾头虾壳能做肥料

科威特盛产大虾、石斑鱼和黄花鱼。200 多年前,那里的家家户户都靠采珠和捕捞为生。

大虾在当地不仅可作为美食,还有多种用途。一位科威特老人告诉我,科威特人从来不把虾头和虾壳扔掉,而是留作他用。比如,将含有大量蛋白质和维生素的虾头晒干后磨成粉,可当作肥料。

另外,虾壳也是一种优质的有机肥料。当地人习惯将虾壳埋在树根周围,让根吸收营养。

此外,科威特人还用虾壳制成口袋,用来包捆树苗的根。树苗被运到种植地后,不用打开口袋就能直接栽种。

海虾逃命,直往后蹦

市场经理说,科威特海域非常适宜大虾生长。这里盛产夏哈米亚和乌姆纳埃尔两种虾,它们的寿命一般为一年半到两年,最大的能长到 20 厘米长、200 克重。

海虾一般生活在 20—30 米深的海底,白天隐藏在沙土和海草中,夜间才出来活动,缺少经验的人很难捕捉到。市场经理说:"有经验的捕虾老人,通常采用'扫荡式'的捕虾法。"

海虾头上的两根触须十分敏感,一有动静便跃身逃跑。它逃跑时不是向前跃,而是往后蹦。所以,捕虾人将网由后向前拖,网前面的铁耙子紧贴海底,"扫荡"前进。海虾受惊后,向后一蹦,便落入虾网。

后记

中国和科威特于 1971 年建交，至今已携手走过 47 年的光阴。虽说 47 年在历史长河中只是短暂的一瞬，但我们两国的友好交往取得了令世人瞩目、令两国民众欢心的双赢成果。作为亲历者和见证人，讲好故事，传承后人，已成为中科两国友好使者们义不容辞的责任。

1971 年 3 月 22 日，中华人民共和国政府和科威特国政府发表关于两国建立外交关系的联合公报，宣布正式建立大使级外交关系，并决定在尽可能短的时间内互派大使。同年 8 月，中华人民共和国首任驻科威特大使孙盛渭前往科威特赴任。次年 7 月 25 日，科威特首任驻华大使阿卜杜勒·哈米德·阿卜杜勒·拉齐格·巴疆向董必武代主席递交国书。这标志着中科两国正式开始了政治、经济、文化等各个领域的友好交往。

根据史籍文献记载，中科两国自古便是海陆"丝绸之路"沿线的友好国家。两国虽相距万里之遥，但相互交往的历史悠长，期间产生了众多充满深情厚谊的杰出人物故事。

尤其是进入 21 世纪，中科友谊与时俱进，互利双赢感动民心，两国友好可圈可点的人物故事层出不穷。

习近平主席曾经说过："讲故事，是国际传播的最佳方式。"越来越多的人加入到讲中国故事的队伍中，越来越多的中科友好故事被挖掘出来，《中国和科威特的故事》一书应运而生。

值得提及的是，2014 年 6 月 3 日，在国务院总理李克强和科威特首相贾比尔的共同见证下，中国国家新闻出版广电总局与科威特文化艺术文学国家委员会在北京签署了《中科经典和当代文学作品互译出版项目合作议定书》。

根据协议，五年内，双方将翻译出版对方国家不少于 25 种作品，一共出版不少于 50 种图书。为实现这一目标，双方将各自成立项目协调小组，并指定本国一家出版机构负责项目的具体实施。

五洲传播出版社作为该项目出版单位，于 2016 年中科建交 46 周年之际，在"我们和你们"丛书框架内启动《中国和科威特的故事》的编辑出版工作，以加深两国民众的相互了解和认识，增进两国的友谊。我很荣幸地受外交笔会和五洲传播出版社委托，担任该书主编。

本书的 27 位作者来自中科两国各行各业，有外交官、学者、侨领、灭火专家、科技人员、体育教练、媒体代表等。他们的文章既有对中科友好故事情节的精细表达，也有对现实社会的客观呈现，有对时代进步的生动表述，共同呈现出一幅中科两国友好互利合作关系的真实图景，充分体现了中科友好的广度和深度。

本书向读者提供了许多十分珍贵的中国与科威特外交、经贸、文体交往及其中重要历史人物的细节。在此，我对本书的作者们以及其他为本书出版付出辛勤努力的各界人士表示诚挚的谢意（排名不分先后）：

中国外交部原部长助理王昌义，中国前中东问题特使吴思科，中国人民外交学会前副会长刘宝莱，中国前驻科威特大使王景祺，中国前驻利比亚大使、前驻科威特使馆政务参赞秦鸿国，中国驻科威特大使王镝、经济商务参赞程永如，蔡伟良教授，陈杰教授，中国—阿拉伯化肥有限公司原党委书记、总经理张革利，中国国际广播电台阿拉伯语部原主任刘元培，国家体育总局人力资源开发中心人才交流部副主任刘洋，科威特驻华大使赛米赫·哈亚特及大使秘书宋洁，科威特驻广州总领事馆总领事马利克·瓦赞及总领事秘书湛惠芯，中国残疾人艺术团团长邰丽华、副团长李琳，新华社前驻科威特首席记者王波，《中国石油报》编辑部主任李向阳，画家秦百兰，埃及汉学家、社会活动家爱美丽·萨米尔·哈杰莉，《今日中国》杂志社阿拉伯文版李颖，科威特华侨华人协会会长董泰康。

由于他们的鼎力支持和热心帮助，带动和挖掘出一批中科友好的故事。他们都是当之无愧的促进中科交往的友好使者。

最后，我要特别感谢中国国务委员兼外交部长王毅和科威特第一副首相兼国防大臣谢赫纳赛尔·萨巴赫·艾哈迈德·萨巴赫亲王，以及副首相兼外交大臣萨巴赫·哈立德·哈马德·萨巴赫为本书作序。

吴富贵
2018 年 9 月